OEUVRES COMPLÈTES

DE PIERRE DE BOURDEILLE

SEIGNEUR DE

# BRANTÔME

12740 — PARIS, TYPOGRAPHIE LAHURE
Rue de Fleurus, 9

# OEUVRES COMPLÈTES
# DE PIERRE DE BOURDEILLE
## SEIGNEUR DE
# BRANTÔME

PUBLIÉES D'APRÈS LES MANUSCRITS
AVEC VARIANTES ET FRAGMENTS INÉDITS
POUR LA SOCIÉTÉ DE L'HISTOIRE DE FRANCE
**PAR LUDOVIC LALANNE**

TOME HUITIÈME

DES DAMES (SUITE).

A PARIS
CHEZ Mme Ve JULES RENOUARD
(LOONES SUCCESSEUR)
LIBRAIRE DE LA SOCIÉTÉ DE L'HISTOIRE DE FRANCE
RUE DE TOURNON, N° 6

M DCCC LXXV

### EXTRAIT DU RÈGLEMENT.

Art. 14. Le Conseil désigne les ouvrages à publier, et choisit les personnes les plus capables d'en préparer et d'en suivre la publication.

Il nomme, pour chaque ouvrage à publier, un Commissaire responsable chargé d'en surveiller l'exécution.

Le nom de l'Éditeur sera placé en tête de chaque volume.

Aucun volume ne pourra paraître sous le nom de la Société sans l'autorisation du Conseil, et s'il n'est accompagné d'une déclaration du Commissaire responsable, portant que le travail lui a paru mériter d'être publié.

———

*Le Commissaire responsable soussigné déclare que l'Édition* DES OEUVRES COMPLÈTES DE PIERRE DE BOURDEILLE, SEIGNEUR DE BRANTÔME, *préparée par* M. LUDOVIC LALANNE, *lui a paru digne d'être publiée par la* SOCIÉTÉ DE L'HISTOIRE DE FRANCE.

*Fait à Paris, le* 31 *décembre* 1874.

*Signé* JULES MARION.

*Certifié*,

Le Secrétaire de la Société de l'Histoire de France,

J. DESNOYERS.

# DES DAMES.

## PREMIÈRE PARTIE.

(SUITE.)

## DISCOURS

SUR

LA REYNE D'HESPAIGNE, ÉLIZABET DE FRANCE [1].

J'escripts icy de la reyne d'Espaigne, Élizabet de France, et vraye fille de France, en tout belle, sage,

---

1. Élisabeth de Valois, fille de Henri II et de Catherine de Médicis, née à Fontainebleau le 13 avril 1545, morte à Madrid le 3 octobre 1568. Fiancée d'abord à Édouard VI, puis promise à Don Carlos, fils de Philippe II, elle épousa celui-ci le 20 juin 1559. Son contrat de mariage se trouve dans le tome II du recueil de Léonard,

On peut consulter sur Élisabeth :

*Discours des triomphes du mariage du roi d'Espagne et de*

vertueuse, habile, spirituelle et bonne, s'il en fut onc; et croy que, despuis la saincte Élizabet[1], oncques aucune ha porté ce nom, qui l'ayt surpassée en toutes sortes de vertus et perfections, encor' que ce beau nom d'Élizabet soit esté fatal en bonté, vertu, saincteté et perfection à celles qui l'ont porté, comme plusieurs l'ont creu.

*madame Élisabeth, fille du roy Henri II.* Paris, de Hansy, 1559, in-8°.

*La réception faicte par les députez du roi d'Espagne, de la Royne leur souveraine dame à la délivrance qui leur en a été faite en la ville de Roncevaux, au pays de Navarrois, par les roy de Navarre et cardinal de Bourbon, et les triumphes, honneurs et solennitez qui y furent faictes et observées tant d'une part que d'autre.* Paris, 1559, in-8°; réimprimé au tome IV des *Archives curieuses* (1re série).

*Réception de la reine d'Espagne à Saint-Jean-de-Luz et son entrée à Bayonne,* en 1565, in-4°.

*Historia y relacion verdadera de la enfermedad, felicissimo transito, y sumptuosissimas exequias de la serinissima Reina de España Donna Isabella de Valois,* por Juan Lopez. En Madrid, 1569, in-8°.

*Oraison funèbre d'Élisabeth de France, reine d'Espagne, par Simon Vigor, docteur en théologie* (depuis archevêque de Narbonne), Paris, Fremy, 1568, in-8°.

*Tombeau de très-haute, très-puissante et très-catholique princesse Madame Élisabeth de France, reine d'Espagne, en plusieurs langues, recueilli de plusieurs savants personnages de la France.* Paris, Robert Estienne, 1569, 12 feuillets in-4°.

Voyez aussi dans le *Bulletin du Bibliophile* (octobre-novembre 1874) un article de M. Tricotel, intitulé : *Une Chanson sur le mariage d'Élisabeth.*

Le manuscrit de ce Discours et du suivant, corrigé de la main de Brantôme, est contenu dans le n° 3272 du Fonds français (*olim* Béthune, 8774).

1. Élisabeth de Hongrie, landgravine de Thuringe, née à Presbourg en 1207, morte à Marbourg en 1231.

Lorsqu'elle nasquit à Fontaynebleau, le roy son grand père, père et mère, en firent une très-grande joye; et vous eussiez dict que c'estoit ung astre heureux envoyé du ciel pour aporter tout bonheur à la France; car son baptesme y raporta la paix, comme son mariage. Voyez comme les bons heurs se rassemblent en une personne pour les distribuer par diverses occurrances; car allors la paix se fist avec le roy Henry d'Angleterre; et, pour la mieux confirmer et fortiffier, le roy le fist son compère, et donna à sa filliolle ce beau nom d'Élizabet; à la naissance et au baptesme de laquelle se firent d'aussi grandes resjouissances qu'à celles du petit roy François dernier [1].

Toute enfantine qu'elle estoit, elle promettoit quelque chose de grand ung jour; et quand elle vint à estre grande, encor' promist-elle davantage : car toute vertu et bonté abondoyent en elle, tellement que toute la court l'admiroit, et pronostiquoit une grand' grandeur et grande royauté ung jour pour elle. Aussi dit-on que, lorsque le roy Henry maria sa seconde fille, madame Claude, au duc de Lorraine, il y en heut aucuns qui luy remonstrarent le tort qu'il faisoit à l'aisnée de marier sa puis-aisnée avant elle; il fist responce : « Ma fille Élizabet est telle qu'il ne « luy faut pas une duché pour la marier. Il luy faut « ung royaume; encor' ne faut-il pas qu'il soit des « moindres, mais des plus grands, tant grande est-« elle en tout; et m'asseure tant qu'il ne luy en peut « manquer ung; voylà pourquoy elle le peut encor'

---

1. François II.

« attandre. » Vous eussiez dict qu'il prophétizoit pour l'advenir : aussi ne chauma-il pas de son costé à luy en procurer et pourchasser ung ; car, lorsque la paix fut faicte entre les deux roys à Cercan, elle fust promise en mariage à dom Carlos, prince des Hespaignes, qui fut esté ung brave et gallant prince, et l'image de son grand père, l'empereur Charles, s'il eust vescu ; mais le roy d'Angleterre [1], son père, venant à estre veuf par le trespas de la reyne d'Angleterre sa femme et sa cousine germaine, ayant veu le pourtraict de madame Élizabet, et la trouvant fort belle et fort à son gré, en couppa l'herbe soubz le pied à son filz, et la prist pour luy, commanceant ceste charité à soy-mesmes. Aussy les Françoys et Hespagnolz disoyent pour lors tous d'une mesme voyx, la voyant si accomplye, que vous eussiez dit qu'elle avoyt esté conceue et faite advant le monde, et réservée dans la pensée de Dieu jusqu'à ce que sa volonté la joignist aveq ce grand roy son mary ; car il n'estoit autrement prédestiné, que luy, estant si haut, si puyssant, et quasi aprochant en toute grandeur un ciel, espousast autre princesse que surhumayne et céleste, et en tous points perfaite et accomplye [2]. Lorsque le duc d'Albe la vint voir et espouser pour le roy son maistre, la trouva extrêmement agréable et advenante pour sondict maistre, et dit que ceste princesse fairoit bien aisément oublier

---

1. Philippe II, veuf de Marie Tudor, reine d'Angleterre, fille de Henri VIII et de Catherine d'Aragon, tante de Charles-Quint.

2. Les dix lignes qui précèdent sont ajoutées en marge de la main de Brantôme.

au roy d'Hespaigne les regretz de ses dernières femmes, et de l'Angloise et Portugaise[1].

Despuis, à ce que je tiens de bon lieu, ledict prince dom Carlos, l'ayant veue, en devint si esperdu et si plain de jalouzie, qu'il l'en porta grande toute sa vie à son père; et fut si despité contre luy, pour luy avoir soubstraict sa belle proye, qu'oncques bien il ne l'en ayma, jusques à luy dire et reprocher qu'il luy avoit faict ung grand tort et injure de luy avoir osté celle qui luy avoit esté promise fort sollempnellement par ung bon accord de paix. Aussi dict-on que cela fut cause de sa mort en partie, aveq d'autres subjectz que je ne diray point asture[2]; car il ne se pouvoit garder de l'aymer dans son âme, l'honorer et révérer, tant il la trouvoit aymable et agréable à ses yeux, comme certes elle l'estoit en tout.

Son visage estoit beau, et ses cheveux et yeux noirs, qui adombroient son tainct et le rendoient si attirant, que j'ay ouy dire en Hespaigne que les seigneurs ne l'osoient regarder de peur d'en estre espris, et en causer jalouzie au roy son mary, et par conséquant eux courir fortune de la vie.

Les gens d'église en faisoient tout de mesmes de peur de tentation, ne connoissants assez de forces et commandement à leur chair pour l'engarder d'en estre tantée : et encor' qu'elle heust eu la petite vérolle estant grande et mariée, on luy secourust son visage si bien par des sueurs d'œufz fraiz, chose fort propre

1. La première femme de Philippe II avait été Marie de Portugal, dont il avait eu don Carlos.
2. Voy. l'article consacré à don Carlos, tome II, p. 101 et suiv.

pour cela, qu'il n'y parust rien : dont j'en vis la reyne sa mère fort curieuse à luy envoyer par forces couriers beaucoup de remèdes; mais celluy de la sueur d'œufz en estoit lé souverain.

Sa taille estoit très-belle, et plus grande que toutes ses sœurs, qui la rendoit fort admirable en Hespaigne, d'autant que les tailles hautes y sont rares, et pour ce fort estimables; et ceste taille, elle l'accompagnoit d'un port, d'une majesté, d'un geste, d'un marcher et d'une grâce entremellée de l'hespaignolle et de la françoise en gravité et en douceur, que j'ay veu quand elle passoit par sa court, ou qu'elle alloit se pourmener en quelque part, fust en allant aux églises ou aux monastères, ou aux jardrins, il y avoit si grand' presse pour la veoir, et si grand' foulle et abord de peuple, qu'on ne se pouvoit tourner parmi ceste tourbe; et bien heureux et heureuse estoit celluy ou celle qui pouvoit le soir diré : « J'ay veu la reyne. » Aussi on dict, et que j'ay veu, que jamais reyne ne fust tant aymée en Hespaigne comme elle, et n'en desplaise à la reyne Yzabel de Castille : aussi l'appelloit-on *la reyna de la paz y de la bondad*, c'est-à-dire la reyne de la paix et de la bonté, et noz Françoys l'appellarent l'olive de paix[1].

Ung an avant qu'elle vint en France, à Bayonne, elle tumba mallade en telle extrémité, qu'elle fut abandonnée des médecins. Sur quoy il y eust ung certain petit médecin italien, qui pourtant n'avoit

---

1. Cette dernière ligne a été rajoutée en marge par Brantôme. — Olive, comme orange, se disait autrefois non pas seulement du fruit, mais de l'arbre lui-même.

grand vogue à la court, qui, se présentant au roy, dict que, si on le vouloit laisser faire, il la guériroit, ce que le roy luy permist : aussi estoit-elle morte. Il l'entreprend, et luy donne une médecine, qu'après l'avoir prise on luy vist tout à coup miraculeusement monter la couleur au visage, et reprendre son parler, et puis après sa convalescence. Et ce pandant toute la court, tout le peuple d'Espaigne rompoient les chemins de processions, et d'allées et venues qu'ilz faisoyent aux églises, aux hospitaux pour sa santé, les uns en chemise, les autres nuds piedz, nues testes, offrants offrandes, prières, oraisons, intercessions à Dieu, par jeûnes, macérations de corps, et autres telles bonnes et sainctes dévotions, pour sa santé : si bien que l'on croit plus fermement que toutes les bonnes prières et voix, larmes, vœux et cris, ouïs de Dieu, furent plustost cause de la guérison de ceste princesse, que non pas l'œuvre du médecin.

J'arrivay en Hespaigne ung mois aprez sa recouvrance de santé ; mais j'y vis bien autant de dévotion du peuple pour en remercier Dieu comme il y en avoit heu pour la luy donner : des festes, des resjouissances, des magnifficences, des fœuz de joie, il n'en fault doubter nullement combien il s'en fist. Je ne voyois autre chose par toute l'Hespaigne : en passant et arrivant à la court deux jours avant qu'elle sortist de la chambre despuis sa malladie ; je la vis sortir et se mettre dans son coche, toujours à la portière, comme c'estoit sa place ordinaire : aussi telle beauté ne debvoit estre recluze au dedans, mais descouverte.

Elle estoit vestue d'une robe de satin blanc, toute

couverte de passement d'argent, le visage tousjours descouvert. Mais je croys que jamais rien ne fust veu si beau que ceste reyne, comme je pris l'hardiesse de luy dire; car elle m'avoit fait une fort bonne chère et recueil, et mesmes venant de France et de la court, luy portant des nouvelles du roy son bon frère, et de la reyne sa bonne mère, car c'estoit toute sa joye et plaisir que d'en sçavoir. Ce ne fust pas moy seul qui la trouvay ainsin belle, mais toute la court et tout le peuple de Madril : si bien que l'on heust dict la maladie en cela l'avoir favorisée, qu'après luy avoir faict de cruelz maux elle luy avoit embelly le tainct, et rendu si dellicat et polly, de sorte qu'elle se trouva encores plus belle que devant.

Sortant donq la première fois de sa chambre, pour la plus belle et saincte chose qu'elle sceut et vouleust faire, elle alla aux églises remercier Dieu de la grâce de sa sancté; et continua ce bon et sainct œuvre l'espace de quinze jours, sans le vœu qu'elle fist à Nostre-Dame de Guadeloup; se faisant ainsi veoir au peuple le visage descouvert scelon sa mode, que, pour manière de parler, vous eussiez dict qu'il l'idolâtroit plustost qu'il ne l'honoroit et révéroit.

Aussi quand elle mourust, ainsin que j'ay ouy conter à feu M. de Lignerolles qui la vist mourir, estant allé porter au roy d'Hespaigne les nouvelles de la victoyre de la bataille de Jarnac, jamais on ne vist peuple si désollé ny si affligé, ny tant jetter de haultz cris, ni tant espandre de larmes qu'il fist, sans se pouvoir remettre en façon du monde, sinon au désespoir et à la plaindre incessamment.

Elle fist une fort belle fin, et d'ung courage fort

constant, abominant ce monde, et désirant fort l'autre.

On parle fort sinistrement de sa mort, pour avoir esté advancée. J'ay ouy conter à une de ses dames que, la première fois qu'elle vist son mary, elle se mist à le contempler si fixement, que le roy, ne le trouvant pas bon, luy demanda : *Que mirais, si tengo canas?* « Qu'arregardez-vous, si j'ay les cheveux blancs? » Ces motz luy toucharent si fort au cœur, que despuis en augura mal pour elle.

On dict qu'un jésuiste, fort homme de bien, ung jour en son sermon parlant d'elle, et louant ses rares vertus, charitez et bontez, luy eschapa de dire que ç'avoit esté faict fort meschamment de l'avoir faicte mourir et si innocentement; dont il fut banny au plus proffond des Indes d'Hespaigne. Cella est très que vray, à ce que l'on dict.

Il y a d'autres conjectures plus grandes qu'il faut tayre; mais tant y a que c'estoit la meilleure princesse qui ayt esté de son temps, et autant aymée de tout le monde.

Tant qu'elle a estée en Hespaigne, jamais elle n'a oublié l'affection qu'elle portoit à la France, et l'a tousjours continuée; et ne fist pas comme Germaine de Foix, femme seconde du roy Ferdinand, laquelle, se voyant eslevée en si haut rang, devint si orgueilleuse, que jamais elle ne fist cas de son pays, et le desdaigna tellement, que le roy Louis XII$^e$, son oncle, et Ferdinand, s'estant veuz à Savonne, et elle, estant aveq le roy son mary, tint une telle grandeur, que jamais elle ne fist cas des Françoys, non pas de son frère, le duc de Nemours, Gaston de Foix, et ne daigna parler et regarder les plus grands de la France qui estoient là, dont elle en fust grandement mocquée; mais puis amprez la mort de son mary, elle en pâtist bien, car elle baissa d'estat, et fust misérable, et n'en fist on grand compte, Dieu luy en rendant la pareille. Aussi dict-on qu'il n'y a rien si glorieux qu'une personne petite et basse, montée en grand' hauteur : non que je veuille dire que ceste princesse fust de bas lieu, estant de la maison de Foix, très-illustre et grande maison; mais de simple fille de conte, estant venue à estre reyne d'un si grand roy, c'estoit beaucoup; et avoit occasion grande de s'en glorifier, mais non de s'oublier ny d'en abuser à l'endroict d'un roy de France, son oncle, si grand, ni de ses plus proches, et de ceux du lieu de sa naissance; en quoy elle monstroit bien qu'elle n'avoit grand esprit, et qu'elle estoit sotte glorieuse. Aussi y a-il différence entre la maison de Foix et celle de France : non que je ne veuille dire la maison de Foix grande et très-noble, mais la maison de France, quoy !

Nostre reyne Élisabet n'en a jamais faict de mesmes. Aussi estoit-elle née grande de soy, d'ung fort grand esprit, et estoit très-habille, et la grandeur d'un royaume ne luy pouvoit manquer. Et si avoit, si elle eust voulu, double subject de faire la hautayne et la superbe, plus que Germayne de Foix, car elle estoit fille d'un grand roy de France, et colloquée avecques le plus grand roy du monde, qui ne l'estoit d'un seul royaume, mais de plusieurs, comme vous diriez roy de toutes les Hespaignes, de Hyérusalem, des Deux-Scicilles, de Majorque, de Minorque, de Sardaigne, des Indes occidentales, qui semblent ung monde, et seigneur d'un' infinité d'autres terres et grandes seigneuries, que Ferdinand n'eust jamais. Et par ainsin debvons-nous louer nostre princesse de sa douceur, qui est bien séante à un grand ou grande, envers ung chascun, et de l'affection envers les François, lesquelz, quand ilz arrivoient en Hespaigne, estoient recueillis d'elle avec ung visage si bening, despuis le plus grand jusques au plus petit, qu'oncques nul partist d'aveq' elle qu'il ne s'en sentist très-honnoré et très-contant. Je le peux dire, quand à moy, pour l'honneur qu'elle me fist de parler à moy, et de m'entretenir souvant tant que je fuz là, me demandant des nouvelles, à toute heure, du roy, de la reyne sa mère, de messieurs ses frères, de madame sa sœur, de tous ceux et celles de la court, n'oubliant à les nommer tous et toutes, et s'en enquerir ; tellement que je m'estonnois commant elle s'en pouvoit ressouvenir ainsin, comme si elle ne venoit que de partir de la court, et luy disois comme il estoit possible qu'elle heust telle mémoire parmy sa grandeur.

Lorsqu'elle fust à Bayonne, elle se monstra aussi famillière aux dames et aux filles de la court, ny plus ny moings comme quand elle estoit fille ; et de celles qui estoient absentes et mariées, et nouvellement venues despuis son partement, s'en enquéroit fort curieusement. Elle en faisoit de mesmes aux gentilshommes de sa congnoissance ; et de ceux qui ne l'estoyent, s'informoyt qu'ilz estoient, et disoit souvant : « Ceux et celles estoient de mon temps à la « court, je les cognois bien ; ceux ne l'estoient point,

« je désire les cognoistre. » Enfin elle contantoit tout le monde.

Lors aussi qu'elle fist son entrée à Bayonne, elle estoit sur une acquenée fort superbement et richement harnachée d'une garniture de perles toute en broderie, qui avoit estée à l'impératrix feue[1], lorsqu'elle faisoit ses entrées parmy ses villes, qu'on disoit valloir plus de cent mill' escus, encor disoit-on bien plus. Elle avoit une très-belle grâce à cheval; et la y faisoit beau voir; car elle se monstroit si belle et si agréable, que tout le monde en estoit ravy.

Nous eusmes tous commandements d'aller au devant d'elle pour l'accompaigner en son entrée, ainsin que nostre debvoir le nous commandoit; et nous en sceut fort bon gré, et nous fist cest honneur, lorsque nous luy fismes tous la révérance, de nous en remercier; et me fist fort bonne chère par dessus tous, car il n'y avoit pas quatre moys que je l'avois laissée en Hespaigne; ce qui me toucha fort, ayant heu ceste faveur par dessus mes compaignons, de laquelle je receuz plus d'honneur qu'il ne m'apartenoit. Moy, retournant du Portugal et du Pignon de Belis, qui fut conquesté en Barbarie, elle me fist présenter par le duc d'Albe au roy d'Hespaigne, qui me fist fort bonne chère, et me demanda des nouvelles de la conqueste et de l'armée.

Elle me présenta à dom Carlos, l'estant venue veoir en sa chambre, ensemble à la princesse[2], et à dom

---

1. Élisabeth de Portugal, femme de Charles-Quint.
2. Sa fille aînée, l'infante Isabelle-Claire-Eugénie, femme (1599) de l'archiduc Albert d'Autriche.

Jouan. Je fus deux jours sans l'aler veoir, à cause d'un reume de dentz que j'avois gaigné sur la mer. Elle demanda à Ribérac[1], fille, où j'estois, et si j'estois mallade; et, ayant sceu mon mal, elle m'envoya son apoticcaire, qui m'apporta d'un' herbe très-singulière pour ce mal; que, la mettant et tenant dans le creux de la main, soubdain le mal se passe, comme il me passa aussi tost.

Je me veante que je fus le premier qui portay à la reyne sa mère l'envie qu'elle avoit de venir en France, et la veoir, dont elle m'en fist très-bonne chère alors et despuis; car c'estoit sa bonne fille, qu'elle aymoit par dessus toutes : aussi elle luy rendoit bien la pareille; car elle l'honoroit, respectoit et craignoit tellement, que je luy ay ouy dire que jamais elle n'a receu lettre de la reyne sa mère, qu'elle ne tremblast, et ne fust en allarme qu'elle se courrouçast contre elle, et luy dist quelque parolle fascheuse : et, Dieu sçait, jamais elle ne luy en dist despuis qu'elle fust maryée, ny se fascha jamais contre elle; mais elle la craignoit tant, qu'elle avoit ceste apréhention.

A ce voyage de Bayonne, Pompadour l'aisné auparavant avoit tué Chambret à Bourdeaux, assez mal, se disoit-on : de quoy la reyne mère fust en telle collère, que si elle l'heust tenu elle luy eust fait trancher la teste; et nul ne luy osa parler de sa grâce. M. d'Estrozze, qui aimoit fort ledict Pompadour, s'advisa d'employer sa sœur, la seignore Clerice Strozze, con-

---

1. Fille de Geoffroy d'Ardre, vicomte de Castillon, baron de Guittinières.

tesse de Tende, que la reyne d'Hespaigne aymoit uniquement despuis son jeune aage, et qu'elles estudioient ensemble. Ladicte contesse, qui aymoit son frère, ne l'en refusa poinct, et en pria la reyne d'Hespaigne, qui luy respondit qu'elle feroit pour elle tout ce qu'elle vouldroit, mais non poinct cella, car elle craignoit de fascher et importuner la reyne sa mère et luy desplaire, ou qu'elle se courrouçast contre elle. Mais, par importunité de la contesse, ayant sceu par une tierce personne interposée, qui en avoit sondé le gué soubz main, et dict à la reyne mère que la reyne sa fille luy vouloit tant requerir ceste grâce pour gratiffier ladicte contesse, mais qu'elle n'osoit, craignant luy desplaire ; mais la reyne mère fyst responce que la chose seroit bien impossible si elle l'en refusoit : ce que saichant, la reyne d'Hespaigne en fist sa petite requeste, aveq une craincte pourtant. Soudain elle luy accorda. Voyez la bonté de ceste princesse et sa vertu, d'honorer et craindre (estant si grande) la reyne sa mère. Hélas ! le proverbe chrestien ne fust pas bien tenu en son endroict, que : qui veut vivre longues années, faut aymer, craindre et honnorer père et mère ; et, pourtant, en faisant tout cela elle est morte au plus beau et plaisant apvril de son aage : et maintenant, à l'heure que j'escripts, elle n'auroit pas quarante six ans[1]. Et qu'il faille que ce beau soleil se soit si tost disparu et caché dans une tumbe obscure, qu'il heust peu esclairer encor ce beau monde de ses beaux rayons vingt bonnes années, sans que la vieillesse l'eust offancée :

---

1. Brantôme écrivait donc ceci vers 1591.

car elle estoit de naturel et de tainct pour durer longtemps belle, et aussi que la vieillesse ne l'eust osée attaquer, car sa beauté fust estée plus forte!

Certes, si sa mort fust dure aux Hespaignolz, elle nous fut bien autant amère à nous autres François; car tant qu'elle a vescu nous n'avons veu jamais venir en France ung monde de brouilleries que despuis nous sont estées portées d'Hespaigne; tant sçavoit-elle gaigner et entretenir le roy son mary à nostre bien et à nostre repoz : ce qui nous la doibt faire plaindre à jamais, pour la bonne affection qu'elle nous a tousjours porté, comme à ses enfans.

Elle a laissé deux filles, des vertueuses et des honnestes infantes de la chrestienté [1]. Quand elles furent ung peu grandettes, de l'aage de trois ou quatre ans, elle pria le roy son mary de luy donner et laisser l'aisnée toute à soy, et qu'elle la vouloit nourrir à la françoyse; ce que le roy luy octroya volontiers : dont elle la print en main, et luy donna si belle et noble nourriture et façon françoise, qu'elle est aujourd'huy aussi bonne françoise que sa sœur, madame de Savoye, est bonne hespaignolle, et qui ayme et chérist les François, scelon l'instruction de la reyne sa mère : et asseurez-vous que tout le crédit et la puissance qu'elle a du roy son père, elle l'employe bien pour le bien et secours des pauvres Françoys quand elle les sent en payne et entre les mains des Hespaignolz.

J'ay ouy conter qu'aprez la routte de M. d'Estrosse,

---

1. Nous avons parlé de l'aînée plus haut (p. 12, note 2). La seconde, Catherine, épousa en 1585 Charles-Emmanuel de Savoie.

force soldatz et gentilzhommes françois ayants estez mis en gallères, ung jour estant à Lisbonne, elle alla visiter toutes les gallères qui estoient là; et tant de François qui estoyent à la chesne, les en osta tous, qui montarent jusques à six vingtz, et leur donna à tous de l'argent pour se conduyre en leur pays; si bien que les capitaynes des gallères furent contraincts de cacher ceux qui leur restarent.

C'est une très-belle princesse, et très-agréable, et de fort gentil esprit, et qui sçait toutes les affaires d'Estat du roy son père, et y est fort rompue; aussi l'y nourrist-il fort : j'espère en parler à part, car elle mérite beaucoup d'honneur pour l'affection qu'elle porte à la France : aussi dit-elle qu'elle n'en quitte pas sa part, y prétendant bon droict[1]; et si nous avons obligation à ceste princesse de nous aymer, ainsin nous la debvons avoir encor' plus grande à la reyne sa mère de nous l'avoir ainsin nourrie et eslevée.

Que pleust à Dieu fussè-je ung bon pétrarquiseur, pour bien l'exalter, scelon mon desir, ceste Élisabet de France! car, si la beauté de son corps m'en sçavoit donner très-ample matière, celle de sa belle âme m'en donrroit bien autant, ainsin que tesmoigne ces vers, faictz d'elle à la court lors qu'elle fut maryée :

> Heureux le prince à qui le ciel ordonne
> D'Elisabet l'amiable accointance!

---

1. C'est elle que Philippe II voulut placer sur le trône de France pendant les troubles de la Ligue, projet qui fut rompu par l'opposition du duc de Mayenne et le fameux arrêt du Parlement sur la loi salique.

Plus vaut que sceptre, ou hautayne couronne,
D'un tel thrésor l'heureuse jouyssance.
Biens si divins ell' heust en sa naissance,
Qu'on en admire et la preuve et l'effect,
Ses jeunes ans en montrent l'apparance,
Mais ses vertus portent le fruict parfaict.

Ceste reyne, quand elle fut rendue au duc de l'Infantasque et cardinal de Bourgos[1], qui estoient commis de par leur roy de la recepvoir à Roncevaux dans une grand' salle, aprez que lesdictz députtez luy eurent faict la révérance, elle, s'estant levée de sa chayre pour les recueillir, le cardinal de Bourgos la harangua ; à qui aprez elle fist responce si honneste et de si belle façon et bonne grâce, qu'il en demeura tout estonné, car elle disoit des mieux, et avoit esté très-bien nourrie.

Cy amprez le roy de Navarre, qui estoit là pour sa conduicte principalle, et chef de toute l'autre[2] qui estoit avec elle, fut sommé de la leur livrer, suyvant le pouvoir qu'ilz en avoyent monstré au cardinal de Bourbon pour la recepvoir. Il respondist, car il disoit des mieux, qu'il l'avoit desjà veu ; et pour ce dist :
« Je vous remetz ceste princesse, que j'ay prise de la
« maison du plus grand roy du monde pour estre
« rendue entre les mains du plus illustre roy de la
« terre : si que, vous cognoissant très-suffisans et
« bien choisis du roy vostre maistre pour la recepvoir,

1. Inico Lopez Hurtado de Mendoza, quatrième duc de l'Infantado, mort le 17 septembre 1566. — François Pacheco, archevêque de Burgos et cardinal (1564).
2. L'autre conduite, la suite.

« je ne fais nullement difficulté ny doute que vous
« ne vous acquitiez dignement de ceste charge; et
« pour ce je m'en descharge sur vous, vous priant
« d'avoir en singulière recommandation sa personne
« et sa santé, car elle mérite; et veux que vous sça-
« chiez que jamais n'est entré en Hespaigne ung si
« grand ornement de toutes vertus et chastetez, ainsin
« qu'aveq le temps vous le pourrez bien cognoistre
« par les effects.[1] »

Les Hespaignolz respondirent aussi tost : que desjà, à son abord et à sa façon et grave majesté, ilz en avoyent très-ample cognoissance; comme de vray ses vertus estoient rares.

Elle avoit ung beau sçavoir, comme la reyne sa mère l'avoit faicte bien estudier par M. de Sainct-Estienne son précepteur, qu'elle a tousjours aymé et respecté jusques à sa mort. Elle aymoit fort la poësie, et à la lire. Elle parloit bien, aveq ung fort bel ayr, tant françois que hespaignol, et y avoit une fort bonne grâce. Son langage hespaignol estoit aussi beau, aussi friand et aussi attirant qu'il estoit possible; et l'aprint en trois ou quatre mois qu'elle fust là.

Aux François, elle parloit tousjours françois, ne l'ayant jamais voulu discontinuer, mais le lisoit tousjours dans les plus beaux livres qu'on luy pouvoit faire avoir de France, dont elle estoit curieuse d'en faire porter. Aux Hespaignolz et aux aultres estrangiers,

---

1. Ceci n'est qu'une amplification de ce qui est rapporté dans la relation citée plus haut (p. 1, note 1) : *La Réception faicte par les députez*, etc.

elle parloit hespaignol, et fort disert. Enfin ceste princesse estoit parfaicte en tout; au reste, tant magnifique et libéralle que rien plus.

Elle ne porta jamais une robe deux fois; et puis la donnoit à ses femmes et ses filles : et Dieu sçait quelles robes, si riches, et si superbes que la moindre estoit de trois ou quatre cens escuz; car le roy son mary l'entretenoit fort superbement de ces choses là : si bien que tous les jours elle en avoit une, comme je tiens de son tailleur, qui, de pauvre qu'il alla là, en devint si riche que rien plus, et comme j'ay veu, pour ce qu' ay esté en Hespaigne.

Elle s'abilloit très-bien et fort pompeusement, et ses habillements luy séoyent très-bien, entre autres les manches fendues aveq des fers qu'on appelle en Hespaigne *puntas*; sa coeffeure de mesmes, que rien n'y manquoit. Ceux qui la voient ainsin en peincture l'admirent : je vous laisse à penser quel contantement peuvent avoir ceux qui l'ont veue en face, en gestes et en bonnes grâces.

Pour perles et pierreries à quantité, elles ne luy manquoyent point; car le roy son mary luy avoit ordonné ung grand estat pour elle et pour sa maison. Hélas! que luy a servy tout cela pour une telle fin? Ses dames et filles qui la servoyent s'en sont fort ressenties. Celles qui, à la mode francèze, ne se peurent contraindre de demeurer à ung pays estrange, et qui s'en voulurent retirer en France, elle leur fist donner et ordonner, par la prière qu'elle fist au roy son mary, à chascune d'elles quatre mill' escus pour leur mariage, comme ont faict mesdamoiselles de Ribérac, sœurs, autrement dictes Guytignières, de Fumel, les deux sœurs de Thorigny, de Noian, d'Arue[1], de La Mothe-au-Groin, Montal, et plusieurs autres. Et celles qui voulurent demeurer s'en trouvarent mieux, comme mesdamoiselles de Sainct-Ana et de Sainct-Légier, qui eurent cest honneur d'estre gouvernantes de mesdames les infantes, et furent mariées richement avecques deux grands seigneurs d'Espaigne : et celles furent les plus sages, car mieux vault estre grand en ung pays estrange que petit dans le sien : aussi Jésus dict que nul n'est prophette en son pays.

Voylà ce que, pour asture, je diray de ceste belle, bonne, sage et très-vertueuse reyne, en attendant que j'en parle à une autre fois. Cependant je mettray ce sonnet qui fut faict à sa louange par ung honneste gentilhomme, elle estant encor Madame, mais promise pourtant.

> Princesse, à qui les cieux ont faict tant d'avantage,
> Que, pour la part qu'avez en la divinité,
> Vous courronnant du loz de l'immortalité,
> Ilz vous ont octroyé les vertus en partage.
>
> Despuis qu'il leur a pleu que l'on veoit en vostre aage
> Les célestes effectz de vostre déïté,
> Lorsque vous tempérez d'un' humble gravité
> La royalle grandeur d'un divin héritage,
>
> Puisqu'il leur plaist aussi vous tant favoriser
> Qu'on oyra vostre nom partout jamais priser,
> Et qu'en vous ilz ont mis le meilleur de leur mieux :
> Aussi deust-on changer vostre nom de naissance;

---

[1]. Il faut probablement lire d'Arné, de la maison de Sariac.

Et au lieu qu'on vous nomme *Elizabet de France*,
On vous debvroit nommer *Elizabet des cieux*.

Je sçay qu'en ce discours et autres précédens on me pourra reprendre que j'ay mis beaucoup de petites particularitez qui sont fort superflues. Je le croys, mais je sçay que si elles desplaisent à aucuns, aux autres plairont; me semblant que ce n'est pas assez, quand on loue des personnes, de dire qu'elles sont belles, sages, vertueuses, valleureuses, vaillantes, magnanimes, libéralles, splandides et très-parfaictes. Ce sont louanges et descriptions génералles, et lieux communs empruntez de tout le monde. Il en faut espécifier bien le tout, et descripre particulièrement les perfections, afin que mieux on les touche au doigt : et telle est mon opinion, et qu'il me plaist ainsin d'en retenir et resjouir ma mémoire de ce que j'ay veu.

#### ÉPITAPHE DE LADICTE REYNE.

Dessoubz ce marbre gist Elizabet de France,
Qui fust reyne d'Hespaigne et reyne du repos
Chrestien et catholiq'. Sa très-belle présence
Nous fust utile à tous. Or' que ses nobles os
Sont du tout asseichez et gisent dessoubz terre,
Nous n'avons rien que mal, que troubles et que guerre.

# DISCOURS

## SUR

## LA REYNE DE FRANCE ET DE NAVARRE, MARGUERITE,

#### FILLE UNIQUE MAINTENANT ET SEULE RESTÉE DE LA NOBLE MAISON DE FRANCE [1].

Quand bien je considère les misères et malles adventures de ceste belle reyne d'Escosse, de laquelle j'ay parlé cy-devant, et d'autres princesses et dames

---

1. Marguerite de Valois, fille de Henri II et de Catherine de Médicis, née en 1551. Mariée (1572) à Henri de Navarre, elle consentit à l'annulation de son mariage, qui fut cassé le 17 décembre 1599, et mourut le 27 mars 1615. Elle a laissé des *Mémoires* dédiés à Brantôme et qui ont été publiés pour la première fois par Auger de Mauléon en 1628. Ils ont été réimprimés un très-grand nombre de fois et entre autres en 1842, in-8°, par M. F. Guessard, qui a joint à son édition des lettres inédites, et en 1855, in-12, dans la *Bibliothèque elzévirienne*. On a encore d'elle une petite pièce assez libre : *La ruelle mal assortie*, insérée dans un recueil de Sorel, 1644, in-8°, réimprimée dans le volume de M. Guessard, puis en 1855, in-8°. Il en existe un manuscrit dans la collection Béthune (Fonds français, 4779).

Le manuscrit 3271 (f° 15 et suiv.) contient de ce discours une copie corrigée de la main de Brantôme ; mais ce n'est que sa première rédaction, comme il a soin d'en avertir lui-même par cette note autographe qu'on lit au haut de la première page et dont quelques mots ont été rognés par le relieur : « Ce discours est manque (incomplet); mays j'en ay fait un autre ailleurs qui est plus amplifyé, et pour ce, le faut laysser et s'amuser à l'autre. » L'original de cet autre manuscrit, nous n'avons pu le retrouver ; mais le texte en a été publié dans les éditions antérieures, et il en existe dans le fonds Dupuy une copie que nous avons en partie suivie.

que je ne nommeray, de peur, par telle digression, gaster mon discours avec celui de la reyne de Navarre de qui je parle maintenant, n'estant pour lors encor reyne de France, je ne puis croire autrement que la Fortune, déesse absolue de l'heur et malheur des personnes, ne soit du tout ennemie contraire des beautez humaines; car s'il y en heust jamais une au monde parfaicte en beauté, c'est la reyne de Navarre, et toutesfois pourtant peu favorisée de la bonne fortune jusques icy; si bien que l'on diroit qu'elle[1] a esté envieuse de la nature, d'avoir faict ceste princesse si belle, que, par son despit, elle lui a voulu courir à sus. Mais, soit que soit, sa beauté est telle que les coups de la dicte fortune n'ont nulle apparessance[2] sur elle, d'autant que le courage généreux qu'elle a extraict par sa naissance de tant de braves et valeureux roys ses père, grand-père, ayeulx, bisayeulx et ancestres, luy a faict tousjours jusques icy une audacieuse résistance.

Pour parler donc de la beauté de ceste rare princesse, je croy que toutes celles qui sont, qui seront et jamais ont esté, près de la sienne sont laides, et ne sont point beautez; car[3] la clarté de la sienne brusle tellement les esles de toutes celles du monde, qu'elles n'osent ny ne peuvent voler, ny comparestre à l'entour de la sienne. Que s'il se treuve quelque mescréant qui, par une foy escarse[4], ne veuille don-

1. *Qu'elle*, c'est-à-dire la Fortune.
2. *Apparessance*, trace apparente.
3. Les six lignes qui suivent jusqu'à *son beau visage*, ont été ajoutées en marge par Brantôme (ms. 3271).
4. *Escarse*, mesquine, étroite.

ner créance aux miracles de Dieu et de nature, qu'il la contemple seulement : son beau visage si bien formé en fait la foy; et diroit-on que la mère nature, ouvrière très-parfaicte, mist tous ses plus rares sens et et subtils espritz pour la façonner. Car, soit qu'elle veuille monstrer sa douceur ou sa gravité, il sert d'embrâzer tout un monde, tant ses traicts sont beaux, ses linéamens tant bien tirez, et ses yeux si transparans et agréables qu'il ne s'y peut rien trouà dire : et, qui plus est, ce beau visage est fondé sur un corps de la plus belle, superbe et riche taille qui se puisse voir, accompaignée d'un port et d'une si grave majesté qu'on la prendra tousjours pour une déesse du ciel, plus que pour une princesse de la terre; encor croist-on que, par l'advis de plusieurs, jamais déesse ne fut veue plus belle : si bien que, pour publier ses beautez, ses mérites et vertus, il faudroit que Dieu allongeast le monde et haussast le ciel plus qu'il n'est, d'autant que l'espace du monde et de l'ayr n'est assez capable pour le vol de sa perfection et rénommée. D'avantage, si la grandeur du ciel estoit plus petite le moins du monde, ne fault point doubter qu'elle l'esgaleroit.

Voylà[1] les beautez du visage et du corps de ceste belle princesse, que pour asteure je puis représenter, comm' un bon paintre, au naïf[2] : je dis celles que l'on peut voir par l'extérieur; car celles qui sont segrettes et cachées soubs un linge blanc et riches pa-

---

1. Les dix-sept lignes suivantes, jusqu'à *je me souviens*, manquent dans le ms. 3271.

2. *Au naïf*, au naturel.

rures et accoustremens, on ne les peut despeindre ny juger, sinon que très-belles et très-singulières aussi ; mais c'est par foy et créance et présomption, car la veue en est interdite. Grande rigueur pourtant que de ne voir une belle peinture, faicte par un divin ouvrier, qu'à la moitié de sa perfection : mais la modestie est louable ; vérécondie[1] l'ordonne ainsy, qui se loge plus voluntiers parmi les grandes princesses et dames que les autres vulgaires.

Pour apporter quelques exemples à manifester combien la beauté de ceste reyne a esté admirée et tenue pour rare, je me souviens encor, lorsque les ambassadeurs poulonnois vindrent en France, pour annoncer à nostre roy Henry son eslection du royaume de Poulongne, et luy en rendre l'hommage et l'obédience, après qu'ils eurent faict la révérence au roy Charles et à la reyne mère et à leur roy, ils la firent aussi particulièrement, et par divers jours, à Monsieur, au roy et à la reyne de Navarre : mais le jour venu qu'ils la firent à ladicte reyne de Navarre, elle leur parust si belle, si superbement et richement parée et accoustrée, avecques si grande majesté et grâce, que tous demeurarent perdus[2] d'une telle beauté. Et entre autres, il y eut le Lasqui[3], l'un des principaux de l'ambassade, à qui je vis dire en se retirant, perdu de ceste beauté : « Non, je ne veux « rien plus veoir apres telle beauté. Volontiers je « ferois comme font aucuns Turcs, pellerins de la

---

1. *Verecondie*, pudeur, retenue, *verecundia*.
2. *Perdus*, éperdus.
3. Albert Laski, palatin de Siradie. — De Thou, liv. LVI.

« Mecque, où est la sépulture de leur prophète Ma-
« hommet, qui demeurent si aises, si esperdus, si
« ravis et si transis d'avoir veu une si belle et si su-
« perbe mosquée, qu'ils ne veulent rien plus voir
« après, et se font brusler les yeux par des bassins
« d'airins ardans, qu'ils en perdent la veue, tant
« subtilement le sçavent-ils faire; disant qu'après
« cela rien ne se peut voir de plus beau, ny ne veu-
« lent rien plus veoir après. » Ainsy disoit ce Poul-
lonnois de la beauté admirable de ceste princesse.
Et certes si les Polonois ont esté ravis de telle admiration, il y en a eu bien d'autres. J'allègue dom
Jouan d'Austrie, lequel (comme j'ay dict cy-devant
parlant de luy), passant par France[1] ainsi subtilement
comme il fist, estant arrivé à Paris, sçachant que ce
soir se faisoit un bal solemnel au Louvre, le vint voir
desguisé, plus pour le subject de la reyne de Navarre que pour tout autre. Il eust moyen et loisir
de la voir à son aise danser, menée par le roy son
frère, comme d'ordinaire il le faisoit ; il la con-
templa fort, l'admira, et puis l'exalta par dessus les
beautez d'Espaigne et d'Italie (deux régions pourtant qui en sont très-fertiles), et dist ces mots en
espaignol : *Aunque tal hermosura de reyna sea mas
divina que humana, es mas para perder y damnar los
hombres que salvarlos;* « combien que ceste beauté
« de reyne soit plus divine que humaine, elle est
« plus pour perdre et damner les hommes que les
« sauver. »

Peu de temps après, il la vist ainsi qu'elle alla aux

---

1. En 1576. Voyez tome II, p. 127, 128.

baings du Liège[1]; et luy falut passer à Namur, ce qui fut le comble des souhaits de don Jouan, pour jouir d'une si belle veue; et alla au devant d'elle en fort grande et superbe magnificence espaignolle, et la receut comme si ce fût esté la reyne Elisabeth, sa sœur, du temps qu'elle vivoit, sa reyne et reyne d'Espaigne. Et, d'autant qu'il avoit esté fort ravy et bien satisfaict de la beauté de son corps, il en fust de mesme de celle de son âme, laquelle j'espère descrire à son lieu. Ce ne fust pas seulement dom Jouan qui la loua et se pleust en ses louanges, mais tous ces grands et braves capitaines espaignolz, jusques aux soldatz renommez de ces vieilles bandes, qui tous alloient disans parmi eux, en leurs reffrains soldadesques, *que la conquistad de tal hermosura valia mas que la de un reyno, y que bien aventurados serian los soldados que, por servirla, podrian morir sobre su bandera* : « que la conqueste d'une telle beauté valoit « plus que celle d'un royaume, et que bien heureux « seroient les soldats qui, pour la servir, pourroient « mourir soubs sa bandière. »

Il ne se faut esbeyr[2] si telles manières de gens, bien créez et gentilz, trouvoient ceste princesse si belle, que j'ay veu aucuns Turcs qui sont venus en ambassade devers nos roys ses frères, tous barbares qu'ils estoient, se perdre en la contemplant, et dire que la pompe de leur Grand-Seigneur, quand il alloit à sa mosquée, ou marchoit en son

---

1. Aux bains de Spa. Voy. les *Mémoires* de Marguerite, année 1577; édit. Jannet, p. 85 et suiv.

2. *Esbeyr*, ébahir.

armée, n'estoit si belle à veoir comme la beauté de ceste reyne.

Bref, j'ay veu un' infinité d'autres estrangiers, que je sçay estre venus en France et à la court exprès pour veoir ceste beauté, dont la renommée avoit passé par toute l'Europe, ce disoient-ilz.

Je vis une fois un gallant cavalier napolitain, qui estoit venu à Paris et à la court, et n'y trouvant poinct ladicte reyne, parce qu'elle estoit en son voyage des bains, retarda son retour de deux mois pour l'attendre et la veoir; et, l'ayant veue, il dict ces mots : « D'autres fois, la princesse de Sallerne a
« raporté une telle réputation de sa beauté dans
« nostre ville de Naples, que l'estrangier qui abordoit
« et s'en retournoit sans veoir ladicte princesse, en
« raccontant de son voyage, si on luy demandoit s'il
« avoit veu ceste princesse, et respondoit que non,
« on luy répliquoit qu'il n'avoit doncques veu Na-
« ples. Moy semblablement, si, à mon retour sans
« veoir ceste belle reyne, on m'eust demandé si
« j'avois veu la France et sa court, encore que je
« l'eusse veue, j'eusse peu bien dire que non, puis-
« que je n'avois point veue ceste reyne, que je peux
« dire en estre tout l'ornement et l'enrichisseure[1] :
« mais asture, l'ayant si bien veue et contemplée, je
« peux bien dire que j'ay veu toute la beauté du
« monde, et que nostre princesse de Sallerne n'estoit
« rien au pris. Maintenant je m'en vois très-content
« pour avoir joui d'un si bel aspect. Je vous laisse donc
« à penser combien vous autres François pouvez estre

---

1. *Enrichisseure*, enrichissement.

« heureux de voir tous les jours à vos aises ce beau
« visage, et de vous approcher de son divin feu, qui
« de loing peut plus eschauffer et embrazer de poic-
« trines froides, que tous les nostres de nos belles
« dames ne sçauroient fère de près. » Voylà les propos
que m'en tint un jour ce gentil cavallier napolitain.

Un[1] honneste gentilhomme françois, que je nom-
merois bien, voyant un jour ceste belle reyne en son
plus beau lustre, et plus haute et pompeuse majesté,
dans une salle de bal, ainsi que nous en divisions
ensemble, me tint tels mots : « Ah ! si le sieur des
« Essars[2], qui, en ses livres d'*Amadis*, s'est tant ef-
« forcé et peiné à bien descrire et richement repré-
« senter au monde la belle Nicquée[3] et sa gloire,
« eust veu de son temps ceste belle reyne, il ne luy
« eust fallu emprumpter tant de belles et riches pa-
« rolles pour la despeindre et la monstrer si belle ;
« mais il luy eust suffi à dire seulement que c'estoit
« la semblance et image de la reyne de Navarre,
« l'unique du monde ; et par ainsi ceste belle Nic-
« quée, sans grande superfluité de parolles, estoit
« mieux peinte qu'elle n'a esté. »

En quoy M. de Ronsard eut grande raison de composer ceste riche élégie[4], qu'on void parmy ses œu-

---

1. Ce qui suit, jusqu'à p. 31, ligne 4, *Or, notez*, manque dans le ms. 3271.
2. Le traducteur d'*Amadis de Gaule*.
3. Voyez tome VII, p. 398.
4. C'est la pièce qui commence ainsi :

> Ce Dieu qui se repaist de nostre sang humain
> Ayant au dos la trousse et l'arc dedans la main.

Elle est intitulée : *Amour Amoureux. A la Royne de Navarre*,

vres, à l'honneur de ceste belle princesse Marguerite de France, non encor mariée, où a introduict et faict la déesse Vénus demander à son fils, après s'estre bien pourmené icy bas, et veu les dames de la court de France, s'il n'y avoit point apperceu quelque beauté qui surpassast la sienne. « Ouy, dist-il, ma « mère, j'en ay veu une, en qui tout le bonheur du « plus beau ciel se versa dès qu'elle vint en enfance. » Vénus en rougit, et ne l'en voulut croire, ains despescha l'une de ses Charites [1] pour descendre en terre la recognoistre, et luy en faire après le rapport. Sur ce, vous voyez dans cette élégie une très-belle et riche description des beautez de cette accomplie princesse, soubs le nom et le corps de la belle charite Pasithée. La lecture n'en peut que fort plaire à tout le monde ; mais M. de Ronsard, ainsy que me dict un jour une fort honneste et habille dame, demeura là un peu manque et trop court, en ce qu'il devoit feindre Pasithée remonter au ciel, là se descharger de sa commission, et dire à Vénus que son fils n'en avoit tant dict qu'il y en avoit, et puis la faire atrister, despiter de jalousie et se plaindre à Jupiter du tort qu'il avoit d'estre allé former en terre une beauté qui faisoit honte à celles de son ciel, et principallement à la sienne, qu'elle pensoit estre la reyne [2] de toutes les autres ; et que, pour tel despit, ell s'habilla de deuil, et pour un temps elle fit abstinance de ses plaisirs et gentillesses ; car il n'y a rien

---

*Marguerite de France*, et fait partie non pas des élégies, mais du *Bocage royal*. (Voy. l'édit. de Ronsard, 1622, in-f°, t. I, p. 378.)

1. Une des Grâces. — 2. Le ms. porte par erreur *rare*.

qui plustost despite une belle dame en perfection, quand on luy dict qu'elle a sa pareille, ou qui la surpasse.

Or, notez que si nostre reyne estoit toute belle de soy et de sa nature, elle se sçavoit si bien habiller, et si curieusement et richement accommoder, tant pour le corps que de la teste, que rien n'y restoit pour la rendre en sa plaine perfection.

On donne le los à la reyne Isabel de Bavières, femme au roy Charles sixiesme, d'avoir aporté en France les pompes et les gorgiasetez[1] pour bien habiller superbement et gorgiasement les dames; mais, à voir dans les vieilles tapisseries de ce temps des maisons de nos roys, où sont pourtraictes les dames ainsy habillées qu'elles estoient pour lors, ce ne sont que toutes grosseries, bifferies[2] et droleries, au prix des belles et superbes façons, coiffures gentilles, inventions et ornemens de nostre reyne, en laquelle toutes les dames de la court et de France se sont si bien mirées, que despuis, paressant parées à sa mode, sentoient mieux leur grandes dames qu'auparavant leurs simples damoiselles, et avec cela cent fois plus agréables et désirables : aussi toutes en doivent cette obligation à nostre reyne Marguerite. Je me souviens (car j'y estois) que, lorsque la reyne, mère du roy, mena ceste reyne sa fille au roy de Navarre son mary[3], elle passa à Coignat[4], où elle y fist quelque

---

1. *Gorgiaseté*, parure.
2. *Bifferie*, niaiserie.
3. En 1578. Voyez ses *Mémoires*, p. 155 et suiv.
4. *Coignat*, Cognac.

séjour ; et là, plusieurs grandes, belles et honnestes dames du pays les vindrent voir, et leur faire la révérence, qui toutes furent ravies de voir la beauté de de ceste reyne de Navarre, et ne se pouvoient saouler de la louer à la reyne sa mère, qui en estoit perdue de joie : parquoy elle pria sa fille un jour de s'habiller le plus pompeusement, et à son plus beau et superbe apareil qu'elle portoit à la court en ses plus grandes et magnifiques festes et pompes, pour en donner le plaisir à ces honnestes dames ; ce qu'elle fit pour obéyr à une si bonne mère, et parust vestue fort superbement d'une robe de toile d'argent et collombin à la boullonnoise, manches pandentes, coiffée si très-richement, et avec un voille blanc, ny trop grand ny trop petit, et accompaignée avec cela d'une majestée si belle, et si bonne grâce, qu'on l'eust plustost dicte déesse du ciel que reyne en terre. Les dames, qui auparavant en avoient esté esperdues, le furent cent fois davantage. La reyne luy dict alors : « Ma fille, vous estes très-bien. » Elle luy respondit : « Madame, je commence de bonne heure à porter
« et user mes robes et les façons que j'emporte avec
« moy de la court ; car, quand j'y retourneray, je ne
« les y emporteray point, mais je m'y entreray avec
« des cizeaux et des estoffes seulement, pour me faire
« habiller selon la mode qui courra. » La reyne luy respondit : « Pourquoy dites-vous cela, ma fille ? car
« c'est vous qui inventez et produisez les belle façons
« de s'habiller ; et, en quelque part que vous alliez,
« la court les prendra de vous, et non vous de la
« court. » Comme de vray, par après qu'elle y retourna, on ne trouva rien à dire en elle qui ne fust

encor plus que de la court, tant elle sçayt bien invanter en son gentil esprit toutes belles choses.

Ceste belle reyne, en quelque façon qu'elle s'habillast, fût à la françoise avec son chaperon, fût en simple escoffion, fût avec son grand voille, fût avec un bonnet, on ne pouvoit juger qui luy siedsoit[1] le mieux, ny quelle façon la rendoit plus belle, plus admirable et plus aymable, tant en toutes ces façons se sçavoit-elle bien accommoder, tousjours y adjoustant quelque invention nouvelle, non commune et nullement immitable; ou si d'autres dames à son patron s'y vouloient former, n'en approchoient nullement, ainsy que je l'ay remarqué mille fois. Je l'ay veue quelques fois, et d'autres avecques moy, vestue d'une robe de satin blanc avec force clinquant, et un peu d'incarnadin meslé, avec un voile de crespe tané, ou gaze à la romaine, jetté sur sa teste comme négligemment; mais jamais rien ne fust si beau; et quoy qu'on die des déesses du temps passé et des emperières, comme nous les voyons par leurs médalles antiques pompeusement accoustrées, ne paroissoient que chambrières auprès d'elle.

J'ay veu souvent contention entre plusieurs de nous autres courtisans : quel habillement luy estoit plus propre et mieux séant, et qui l'embellissoit le plus; enfin chascun en disoit son advis. Quand à moy, pour la parure la mieux séante que je luy ay jamais veue, selon mon advis, et selon d'autres aussi, ce fut le jour que la reyne mère fit un festin aux Tuilleries aux Polonnois. Elle estoit vestue d'une

---

1. *Siedsoit*, seyait.

robbe de velours incarnadin d'Espaigne fort chargée de clinquant, et d'un bonnet de mesme velours, tant bien dressé de plumes et pierreries que rien plus. Elle parust si belle ainsy, comme luy fut dict aussi, que despuis elle le porta assez souvent, et s'i fit peindre¹ : [de sorte] qu'entre toutes ces diverses peintures celle-là emporte sur toutes les autres, ainsy que l'œil des mieux voyans en peut voir encor la peinture, car il s'en treuve assez de telles, et sur icelles en juger.

Lorsqu'elle² parut ainsy parée en ses Tuilleries, je dis à M. de Ronsard, qui estoit près de moy : « Dites « le vray, monsieur, ne vous semble-il pas voir ceste « belle reyne en tel appareil parestre comme la belle « aurore quand elle vient à naistre avant le jour « avec sa belle face blanche, et entournée de sa ver- « meille et incarnate couleur? car leur face et leur « accoustrement ont beaucoup de simpathie et res- « semblance. » M. de Ronsard me l'advoua ; et sur ceste comparaison qu'il trouva fort belle, il en fit un beau sonnet qu'il me donna, que je voudrois avoir donné beaucoup et l'avoir pour l'insérer ici³.

---

1. C'est évidemment ce portrait qui a été donné par M. Niel dans son beau recueil: *Portraits des personnages français les plus illustres du seizième siècle*, in-f°, t. I.

2. Cet alinéa manque dans le ms. 3271.

3. Je n'ai rencontré dans les œuvres de Ronsard qu'un sonnet où se trouve la comparaison dont parle Brantôme ; c'est le troisième du livre II des *Sonnets pour Hélène* (édition de 1623, t. I, p. 260). On y lit en effet ces vers :

> Amour qui as ton règne en ce monde si ample,
> Voy ta gloire et la mienne errer en ce jardin :

Je vis aussi ceste nostre grande reyne aux premiers estats à Blois, le jour que le roy son frère fist son harangue, vestue d'une robe d'orangé et noir, mais le champ estoit noir avec forces clinquant, et son grand voyle de majesté, qu'estant assize en son rang elle se monstra si belle et si admirable, que j'ouys dire à plus de trois cens personnes de l'assemblée, qu'ils s'estoient plus advisez et ravis à la contemplation d'une si divine beauté qu'à l'ouye des beaux et graves propos du roy son frère, encor qu'il eut dict et harangué des mieux. Je l'ay veu aussi s'habiller quelques fois avec ses cheveux naturels, sans y adjouster aucun artifice de perruque; et encore qu'ils fussent fort noirs, les aiant empruntez du roy Henry son père, elle les sçavoit si bien tortiller, frizonner et accommoder, en immitation de la reyne d'Espaigne sa sœur, qui ne s'accommodoit guières jamais que des siens, et noirs à l'espaignolle, que telle coiffure et parure luy siedsoit aussi bien ou mieux que tout autre que ce fust. Voylà qu'est d'un naturel beau, qui surpasse tout artifice tel soit-il! Et pourtant elle ne s'i plaisoit guières, et peu souvent s'en accommodoit, si non de perruques bien gentiment façonnées.

Brief, je n'aurois jamais faict si je voulois descrire ses parures et ses formes de s'habiller ausquelles elle se monstroit plus belle; car elle en changeoit de si diverses, que toutes luy estoient bien séantes, belles

> Voy comme son bel œil, mon bel astre divin,
> Surmonte la clarté des lampes de ton temple.
> Voy son corps de beautez le pourtrait et l'exemple
> Qui resemble une aurore au plus beau du matin.

et propres, si que la nature et l'art faisoient à l'envy à qui la rendroit plus belle. Ce n'est pas tout, car ses beaux accoustremens et belles parures n'osarent jamais entreprendre de couvrir sa belle gorge ny son beau sein, craignant de faire tort à la veue du monde qui se paissoit sur un si bel object; car jamais n'en fut veue une si belle ny si blanche, si pleine ny si charnue, qu'elle monstroit si à plain et si descouverte, que la pluspart des courtizans en mouroient, voire des dames, que j'ay veues, aucunes de ses plus privées, avec sa licence, la baiser par un grand ravissement.

Je me souviens qu'un honneste gentilhomme, nouveau venu à la court, qui ne l'avoit jamais veue, lorsqu'il l'apperceust me dict ces mots : « Je ne « m'estonne pas si vous autres, messieurs, vous vous « aymez tant à la court; car, quand vous n'y auriez « autre plaisir que de veoir tous les jours ceste belle « princesse, vous en avez autant que si vous estiez « en ung paradis terrestre. »

Les empereurs romains de jadis, pour plaire au peuple et luy donner plaisir, leur exiboient des jeux et des combats parmy leurs théâtres; mais, pour donner plaisir au peuple de France et gaigner son amitié, il ne faudroit que leur représenter et faire voir souvent ceste reyne Marguerite, pour se plaire et s'esjouir en la contemplation d'un si divin visage, qu'elle ne cachoit guières d'un masque, comme toutes les autres dames de nostre court; car, la pluspart du temps, elle alloit le visage descouvert[1] : et un

---

1. Le ms. 3271 (f° 22 v°) ajoutait ces mots qui ont été biffés :

jour de Pasques fleuries, à Blois, estant encor Madame et sœur du roy (mais lors se traictoit son maryage), je la vis parestre en la procession, si belle que rien au monde de plus beau n'eust sceu se faire voir; car, outre la beauté de son visage et de sa belle taille de corps, ell' estoit très-superbement et richement parée et vestue : son beau visage blanc, qui ressembloit un ciel en sa plus grande et blanche séreineté[1], estoit orné par la teste de si grande quantité de grosses perles et riches pierreries, et surtout de diamans brillans mis en forme d'estoilles, qu'on eust dict que le naturel du visage et l'artifice des estoilles en pierreries contendoient avec le ciel, quand il est bien estoillé, pour en tirer la forme. Son beau corps, avec sa riche et haute taille, estoit vestu d'une robe de drap d'or frizé, le plus beau et le plus riche qui fust jamais veu en France; et c'estoit un présent qu'avoit faict le Grand-Seigneur à M. de Grand-Champ[2] à son départ de Constantinople, vers lequel il estoit ambassadeur, (ainsy qu'est sa coustume envers ceux qui luy sont envoiez des plus grands) d'une pièce qui montoit à quinze aulnes : lequel Grand-Champ me dict qu'elle avoit cousté cent escus l'aune, car c'estoit un chef d'œuvre. Luy venu en France, ne sçachant à qui mieux emploier ny plus dignement

« Et la gorge de mesme dont aucuns en mouroyent et d'autres en vivoyent. »— Tout le reste de l'alinéa manque dans le manuscrit.

1. *Sereineté*, sérénité.

2. Guillaume de Grandrie, seigneur de Grandchamp, ambassadeur en Turquie de 1566 à 1571. Il vivait encor en mars 1587. Il était bigame, ainsi que le prouve une enquête curieuse conservée dans le dossier de la famille Grandrie au Cabinet des titres.

ce don d'une si riche estoffe, pour la mieux faire valoir et estimer à la porter, la redonna à Madame, sœur du roy, qui en fit faire une robbe, qui, pour la première fois, s'en para ce jour là, et luy siedsoit très-bien; car aussi de grandeur à grandeur il n'y a que la main; et la porta tout ce jour, bien qu'elle pesast extrèmement : mais sa belle, riche et forte taille, la supporta très-bien, et luy servit de beaucoup; car si elle fust esté une petite nabotte de princesse, ou dame d'une coudée de hauteur, comme j'en ay veu, ell' eust crevé sous le faiz, ou bien eust fallu changer de robe, et en prendre une autre. Ce n'est pas tout : car estant en la procession, marchant à son grand rang, le visage tout descouvert, pour ne priver le monde en une si bonne feste de sa belle lumière, parut plus belle encor en tenant et portant en la main sa palme (comme font nos reynes de tout temps) d'une royalle majesté, d'une grace moitié altière et moitié douce, et d'une façon peu commune, mais différente de toutes les autres; que qui ne l'eust jamais veue ny cogneue eust bien dict : « Voylà une « princesse qui en tout va par dessus le commun de « toutes les autres du monde. » Et tous nous autres courtisans allions disans, d'une commune voix hardiment : que ceste belle princesse doibt et peut bien porter la palme en la main, puisqu'elle l'emporte par dessus toutes celles du monde, et les surpasse toutes en beauté, en bonne grâce et toute perfection. Et vous jure qu'à ceste procession nous y perdismes nos dévotions, car nous y vaquasmes peu pour contempler et admirer ceste divine princesse, et nous y ravir plus qu'au service divin, et si ne pensions pourtant faire faute ny péché; car qui contemple et admire une divinité en terre, celle du ciel ne s'en tient offensée, puisqu'elle l'a faicte telle.

Lorsque la reyne sa mère l'amena de la court pour aller trouver son mary en Gascongne, je vis quasy tous les courtizans regretter son despart, comme si une grande calamité leur fust tout à coup tumbée sur la teste. Les uns disoient : « La court est vefve « de sa beauté; » les autres : « La court est fort « obscure, elle a perdu son soleil; » d'autres : « Qu'il « faict noir à la court; il n'y a plus de flambeaux; » autres repartoient : « Nous avions beau faire que « la Gascongne alors vint gasconner et ravir nostre « beauté, destinée pour embellir la France et la court, « et l'oster du Louvre, Fontainebleau, Sainct-Ger- « main et autres belles places de noz roys, pour la « loger à Pau ou à Nérac, de mesmes bien dissem- « blables les uns des autres; » d'autres disoient : « Cela est faict, la court et la France ont perdu la « plus belle fleur de leur guirlandes. »

Bref, on n'oyoit de toutes parts résonner que tels et autres pareils petits mots sur ce départ, moitié de despit, de colère, et moitié de tristesse, et encores que la reyne Louise de Lorraine y fust restée, qui estoit une très-belle et sage princesse et vertueuse, de laquelle j'espère en parler dignement à son lieu; mais parce que de longue main la court avoit accoustumé une si belle veue, ne se pouvoit engarder de la regretter, et proférer de telles parolles. Et plusieurs y eust-il qui cuidarent tuer M. de Duras[1] de despit,

---

1. Jean de Duras de Durfort.

qui l'estoit venue querir de par le roy de Navarre son maistre, comme je le sçay. Un de ces ans vindrent nouvelles à la court qu'elle estoit morte en Auvergne, n'y avoit pas huict jours. Il y eust quelque un qui rencontra là dessus et dict : « Il n'en est « rien, car despuis ce temps il a faict trop beau et « clair au ciel ; que si elle fust morte, nous eussions « veu esclipse de soleil, pour la grand' simpathie « que ces deux soleils ont ensemble, et n'eussions « rien veu qu'obscurité et nuages. »

C'est assez, ce me semble, d'avoir parlé de la beauté de son corps, encores que le subject en soit si ample qu'il meriteroit une décade : toutesfois j'espère d'en parler encores ailleurs ; mais il fault dire quelque chose de sa belle âme, qui est si bien logée en si beau corps. Or, si elle l'a portée belle dès sa naissance, elle l'a sceu bien garder et entretenir ; car elle se plaist fort aux lettres et à la lecture, et ayant esté jeune, et en son aage parfaict. Aussi peut-on dire d'elle que c'est la princesse, voire la dame qui soit au monde la plus éloquente et la mieux disante, qui a le plus bel ayr de parler, et le plus agréable qu'on sçauroit voir. Lorsque les Polonnois, comme j'ay dict cy-devant, luy vindrent faire la révérence, il y eust l'évesque de Cracovye[1], le principal et le premier de l'ambassade, qui fist l'harangue pour tous, et en latin, car il estoit un sçavant et suffisant prélat. La reyne luy respondit si pertinemment, et si éloquemment, sans s'ayder d'aucun truchement, ayant

---

1. Adam, Konarski, évêque de Posen et non de Cracovie. C'était le seul prélat de l'ambassade. Voy. De Thou, liv LVI.

fort bien entendu et compris son harangue, que tous en entrarent en si grande admiration, que d'une voix ils l'appellarent une seconde Minerve ou déesse d'éloquence.

Lorsque la reyne sa mère la mena vers le roy son mary, comme j'ay desjà dict, elle fist son entrée à Bourdeaux, comme de raison, estant fille et sœur de roy, et femme du roy de Navarre et premier prince du sang, et gouverneur de Guyenne. La reyne sa mère le voulust ainsy, car elle l'aymoit infiniment et l'estimoit fort. Son entrée fut belle, non tant pour les magnificences et sumptuositez qu'on luy fist et dressa, mais pour veoir entrer en triumphe la plus belle et accomplie reyne du monde, montée sur une belle hacquenée blanche, harnechée fort superbement, et elle vestue toute d'orangé et de clinquant, si sumptueusement que rien plus; laquelle le monde ne se pouvoit assez saouler de voir, l'arregarder, l'admirer et l'exalter jusques au ciel.

Avant qu'entrer, les estats de la ville luy vindrent faire la révérence et luy offrir leurs moyens et puissances, et la haranguer aux Chartreux, comme est la coustume. M. de Bourdeaux[1] porta la parolle pour le clergé. M. le mareschal de Biron, comme mayre, et avec la robbe de mayre, pour le corps de la ville, et comme lieutenant général, fit la sienne après; et M. Largebaston, premier président, pour la court. Elle leur respondit à tous les uns après les autres (car je l'ouys, estant près elle sur l'eschaffaut par

---

1. Antoine Prévost de Sansac, archevêque de Bordeaux de 1560 à 1591.

son commandement), si éloquemment, si sagement et si promptement, et avec telle grâce et majesté, mesmes à un chascun, par un tel changement de parolles, sans réitérer les premières ny les secondes, sur un mesme subject pourtant, qui est chose à remarquer, que je vis le soir ledict premier président, qui me vint dire, et à d'autres, en la chambre de la reyne, qu'il n'avoit jamais ouy mieux dire en sa vie quiconques fust, car il s'entendoit en telles merceries, et que bien souvant il avoit eu cest honneur d'avoir ouy parler les reynes Marguerite et Jehanne[1] ses prédécesseresses, et en telles cérémonies que celles-là, et que pour avoir esté de leur temps deux bouches d'or des plus disertes de la France (ainsy m'usa-il de ces mots), mais n'approchoient rien de l'éloquence de ceste reyne dernière, Marguerite, et qu'elles n'estoient que novices et apprentifves auprès d'elle, et que vrayement elle estoit fille de mère.

Je le dis à la reyne sa mère, par amprès, ce que m'avoit dict ledict président, qui[2] en fut si aise que rien plus : et elle me dit qu'il avoit raison de le croire et le dire; car, encor qu'elle fust sa fille, elle pouvoit dire sans mentir que c'estoit la plus accomplie princesse du monde, et qui disoit ce qu'elle vouloit et des mieux. De mesmes je l'ay veu dire à force ambassadeurs, et à grands seigneurs estrangiers, quand ils avoient parlé à elle, ils s'en partoient d'avec elle tous confondus d'un si beau dire.

Je luy ay veu souvent faire de si beaux discours,

---

1. Marguerite d'Angoulême et Jeanne d'Albret.
2. *Qui*, la reine mère.

si graves et si sententieux, que si je les pouvois bien mettre au net et au vray icy par escrit, j'en ferois ravir et esmerveiller le monde ; mais il ne me seroit pas possible, ny à quiconques soit, de pouvoir les réduire, tant ils sont inimitables.

Or, si elle est grave et pleine de majesté et éloquente en ses haults discours et sérieux, elle a bien autant de gentille grâce à rencontrer de bons et plaisans motz, et brocarder si gentiment, et donner l'estraitte et la venue, que sa compaignée est plus agréable que toute autre du monde ; car, encor qu'elle picque ou brocarde quelqu'un, cela est si à propos et si bien dict, qu'il n'est possible de s'en fascher, mais encor bien aise.

De plus, si elle sçait bien parler, elle sçait autant bien escrire. Ses belles lettres[1], que l'on peut voir d'elle, le manifestent assez ; car ce sont les plus belles, les mieux couchées, soyent pour estre graves que pour estre familières, qu'il faut que tous les grandz escrivains du passé et de nostre temps se cachent, et ne produisent les leurs quand les siennes comparoistront, qui ne sont que chansons auprès des siennes. Il n'y a nul que, les voyans, ne se mocque du pauvre Cicéron avec les siennes familières. Et, qui en pourroit faire un recueil, et d'elles et de ses discours, ce seroit autant d'escolle et d'apprentissage pour tout le monde : dont ne s'en faut esbayr ; car, de soy, elle a l'esprit bon et prompt, ung grand entendement, sage et solide. Bref, elle est vraye reyne en tout, qui mériteroit de régir un grand royaume,

---

1. Voyez plus haut p. 22, note 1.

voire un empire. Sur quoy, je feray ceste disgression, d'autant qu'elle fait à nostre subject.

Lorsque le mariage d'elle fust accordé à Bloys, et du roy de Navarre, où il y eut assez de difficultez que la reyne Jehanne faisoit, bien différente d'alors qu'elle escript [1] à ma mère, qui estoit sa dame d'honneur, malade en sa maison. J'ay veu ladicte lettre, escrite de sa main, au thrésor de nostre maison, et dict ainsy [2] :

« Je vous fay ceste-cy, ma grand' amye, pour
« vous resjouir et prendre santé des bonnes nouvelles
« que le roy mon mary m'a mandé, qu'est comme
« aiant pris l'hardiesse de demander au roy madame
« sa jeune fille pour mon filz, luy a faict cest hon-
« neur la luy accorder, dont je ne vous en veux céler
« l'aise que j'en ay [3]. »

Il y a bien à discourir là dessus. Il y eut donc, lors de cet accord [4], une dame de la court, que je ne nommeray point, aussi sotte qu'il en fust de sa por-

---

1. *D'alors qu'elle escript*, c'est-à-dire du temps où elle écrivait....

2. On ne paraît pas avoir donné à cette lettre de Jeanne d'Albret l'attention qu'elle mérite. Elle établit pourtant de la manière la plus positive que l'union du jeune prince de Béarn et de Marguerite, union qui ne se réalisa qu'en 1572, avait été projetée entre Henri II et Antoine de Bourbon. C'est probablement en 1557 que la lettre a été écrite ; car il y est question de la maladie de la mère de Brantôme, et celle-ci, qui fit son testament le 26 mai de la même année, est probablement morte peu de temps après.

3. Dans le ms. 3271, il y avait cette parenthèse qui a été biffée : « Notez ces motz : luy a faict cest honneur, et ayant prins la hardiesse. »

4. L'accord du mariage en 1572.

tée, estant la reyne mère le soir retirée à son coucher, elle s'enquist à de ses dames si elles avoient veu sa fille, et qu'elle joye elle monstroit de l'accord de ce mariage. Ceste dame sotte, qui n'avoit encores guières veu de sa court, s'advança la première et dist : « Commant, madame, ne seroit-elle joyeuse
« d'un tel mariage, puisqu'elle en vient à la cou-
« ronne, et est en terme d'estre, possible, un jour
« reyne de France, si elle[1] escheoit au roy son mary
« prétendu, comme il se peut faire ung jour? » La reyne, oyant ung si sot mot, luy dict : « Ma mie,
« vous estes une grand' sotte. J'aymerois mieux que
« vous fussiez crevée de cent mille morts que si
« vostre sotte prophétie estoit jamais véritable et ac-
« complie, pour la longue vie et bonne prospérité
« que je porte au roy et à tout le reste de mes en-
« fans. » Surquoy il y eut une grand' dame, assez sa
« privée, qui luy répliqua : « Mais, madame, si ce
« malheur arrivoit, que Dieu nous en garde! ne
« seriez-vous pas bien aise de veoir vostre fille reyne
« de France, puisque la couronne luy escherroit de
« bon droict par celuy de son mary? » La reyne fist
« responce : « Encor que j'ayme bien ceste fille, je
« pense que, lorsque cela arriveroit, nous verrions
« la France fort troublée de maux et de malheurs.
« Et aymerois cent fois mourir (comme elle a faict)
« que de la veoir en cest estat; car je croy qu'on
« ne voudroit pas obéyr absolument au roy de Na-
« varre comme à mes enfans, pour beaucoup de
« raisons que je ne dis point. »

1. *Elle*, la couronne.

Voylà deux prophéties accomplies, l'une d'une sotte dame, et l'autre d'une habille princesse, et[1] ce pour quelques années. Mais la prophétie a failly aujourd'huy, par la grâce que Dieu luy a donné, et par la force de sa bonne espée et valeur de son brave cœur, qui l'ont rendu si grand, si victorieux et si redoubté et si absolu roy comm' il est aujourd'huy, après tant de traverses et travaux. Dieu le maintienne par sa saincte grâce en ceste grande prospérité, ainsy qu'il nous est de besoing à tous nous autres ses pauvres subjects!

« Or, si par abolition de la loy salique », dict encor la reyne, « le royaume venoit à ma fille par son juste « droict, comme aussi autres royaumes tumbent en « quenouilles, certes ma fille est bien aussi capable « de régner, ou plus que beaucoup d'hommes et « roys que je sçay, et qui ont estez; et crois-je que « son règne seroit beau; et le rendroit pareil à celuy « du roy son grand père, et roy son père, car elle a « un grand esprit et de grandes vertus pour ce « faire. » Là dessus elle alla dire que c'estoit un grand abus que ceste loy salique, et qu'elle avoit ouy dire à M. le cardinal de Lorraine que lorsqu'il arresta, avec les autres députez à l'abbaye de Cercan, la paix entre les deux roys, venant à soudre quelque dispute sur quelque poinct de ceste loy salique, qui touchoit la succession des femmes au royaume de France, il y eut M. le cardinal de Grandvelle, autrement dict d'Arras, qui en rabroua fort mondict sieur le cardi-

---

1. Le reste de l'alinéa a été ajouté en marge par Brantôme (ms. 3271, f° 26 v°).

nal de Lorraine, luy disant que c'estoient de vrays abus que vostre loy sallique, et qu'il luy en crevast l'œil, et que c'estoient de vieux rêveurs et croniqueurs qui l'avoient ainsy escrit, sans savoir pourquoy, et l'ont faict ainsy accroire, et qu'elle ne fust jamais faicte ny portée en France, mais que c'estoit une coustume que les François, de main en main, s'estoient entredonnez, et avoient introduite, qui n'est nullement juste, et par conséquent violable. Voylà ce qu'en dict la reyne mère. Et, quand tout est dict, ce fut Pharamont, comme la pluspart tiennent, qu'il[1] l'apporta de son pays, et l'introduisit : ce que nous ne debvrions observer puisque c'estoit ung payen ; et d'aller si estroittement garder, parmy nous autres chrestiens, les loix d'un payen, c'est offancer grandement Dieu. Il est vray que la pluspart de celles que nous avons, nous les tenons des empereurs payens, mais aussi celles qui sont sainctes, justes et æquitables, nous nous y réglons, comme de vray il y en a force, et la pluspart sont telles ; mais ceste-cy sallique de Pharamond, elle est injuste et contre la loy de Dieu, car il est dict au Vieux Testament, et au XXV° chapitre des Nombres : « Les enfans masles « succéderont premièrement, puis, en leur deffaut, « les filles. » Ceste saincte loy donc veut les filles hériter après les masles. Encor, quand on prendroit bien au pied l'Escripture ceste loy salique, il n'y auroit pas si grand mal comme on le prend, ainsy que j'ay ouy discourir à de grands personnages ; car elle parle ainsy : « Que tant qu'il y aura des masles,

1. *Qu'il*, qui.

« les filles n'héritent ny ne règnent point. » Conséquemment, en deffault des masles, les filles y viendront. Et puisqu'il est juste qu'en Espaigne, Navarre, Angleterre, Escosse, Hongrie, Naples et Sicille, les filles règnent, pourquoy ne l'est-il juste tout de mesmes en France? Car ce qui est juste, il est juste partout et en tous lieux, et le lieu ne faict point que la loy soit juste.

Tant de fiefs que nous avons en France, duchez, contez, baronnies et autres honnorables seigneuries, qui sont quasy, mais beaucoup, royalles en leur droicts et privilèges, viennent bien aux femmes et filles, comme nous avons Bourbon, Vandosme, Montpensier, Nevers, Rethel, d'Eu, Flandres, Bourgongne, Arthois, Zellande, Bretagne; et mesmes comme Matilde, qui fut duchesse de Normandie; Eléonor, duchesse de Guyenne, qui enrichirent Henry IIe, roy d'Angleterre; Béatrix, contesse de Provence, qui l'apporta au roy Louys son mary; la fille unique de Raymond, contesse de Thoulouse, qui l'apporta à Alfonce, frère de sainct Louys; puis Anne, duchesse de Bretagne, de frais, et autres : pourquoy le royaume de France n'appelle à soy aussi bien les filles de France?

La[1] belle Galatée, lorsqu'Hercule l'espousa après sa conqueste d'Espagne, ne dominoit-elle pas en la Gaule? du mariage desquels deux sont yssus nos braves, vaillans et généreux Gauloys, qui d'autresfois se sont tant faicts vanter.

---

1. Cet alinéa a été ajouté en marge par Brantôme (ms. 3271, f° 28).

Et pourquoy sont les filles des ducs en ce royaume plus capables de gouverner une duché et une comté, et y faire justice, qui approchent de l'authorité du roy, plustost que les filles des roys de gouverner le royaume de France? et comme aussi si les filles de France ne fussent aussi capables et propres à commander et regner, comme aux autres royaumes et autres grandes seigneuries que j'ay nommées!

Pour plus grande preuve de l'abus de la loy salique, il n'en faut d'autre que celle de tant de chroniqueurs, escrivains et bavards, qui en ont escript, qui ne se peuvent accorder entre eux de son étimologie ny deffinition.

Les uns, comme Postel[1], estiment qu'elle prist son ancien nom et origine des Gaules, et qu'elle fust appellée salique, au lieu de gallique, pour la proximité et voisinage que la lettre G en vieil moulle avoit avec la lettre S; mais c'est un resveur en cela (comme je tiens d'un grand personnage), ainsy qu'en autres choses.

Jean Cenal[2], évesque d'Avranches, grand rechercheur des antiquitez de la Gaule et France, l'a voulu rapporter à ce mot *salle*, parce que ceste loy estoit seulement ordonnée pour salles et pallais royaux.

Claude Seissel[3], assez mal à propos, a pensé qu'elle

---

1. Voyez le chapitre VII de *la Loy salique, livret de la première humaine vérité*, par Guillaume Postel, 1552, in-16, réimprimé à Paris, 1786, in-12.

2. Voyez Robert (et non Jean) Cénal, *Gallica historia*, in-f°, MDLVII, f° 65 *b*. Cénal est mort à Paris en 1560.

3. Voyez *La loy salicque qui est la première loy des Françoys faicte par le roy Pharamon*. Paris, Michel Lenoir, 1507, in-4°,

vint du mot *sal* en latin, comme une loy pleine de sel, c'est-à-dire de sapience, par une métaphore tirée du sel.

Un docteur ez droicts, nommé Ferrarius Montanus[1], a voulu dire que Pharamond fut autrement appellé *Salicq*.

Les autres la tirent de Sallogast, l'un des principaux conseillers de Pharamond.

Les autres, pensant subtilizer davantage, disent que, par la fréquence des articles qui se treuvent dans icelle loy, commanceans par ces mots, *si aliquis*, et *si aliqua*, elle prist sa dérivaison; d'autres, qu'elle est venue des François Saliens, comme est faict mention dans Marcellin[2].

Enfin voylà de grands rébus et resveries; et ne se faut esbayr si M. l'évesque d'Arras en faisoit la guerre à M. le cardinal de Lorrayne : ainsin que ceux de sa nation, en leurs farces et joingleries, croyans que ceste loy fût de nouvelle impression, appelloyent Philipes de Vallois *le roy trouvé*, comme si, par ung nouveau droict et non jamais recogneu par la France, il se fust faict roy. Sur quoy despuis se sont fondez en ce que la conté de Flandres estant tumbée en quenoille, le roy Charles le Quint[3] n'en préten-

---

f° 7. Ce petit traité n'est pas de Seyssel, mais il a été réimprimé avec sa *Grand' Monarchie de France*, 1540, in-8°.

1. Voyez ses *Collectanea in usus feudorum*, dans le tome X, p. 93, du grand recueil que nous avons déjà cité : *Tractatus illustrium.... jurisconsultorum*, Venise, 1584, in-f°.

2. Ammien Marcellin. Brantôme a pris en partie tout cet étalage d'érudition dans l'*Histoire de France* de du Haillan, p. 14.

3. Le roi Charles V épousa, le 8 août 1350, Jeanne, fille de

dist lors aucun droict ni nom; mais, au contraire, il appennagea Philipes son frère de la Bourgongne, pour en faire le mariage aveq' la contesse de Flandres, ne la voulant prendre pour luy, ne la trouvant si belle, mais bien plus riche que celle de Bourbon; qui est encore une grande asseurance que l'article de ceste loy salicque n'a pas tousjours estée observée aux membres comme au chef; et ne faut douter que les filles venant à la couronne, mesmes quand elles sont belles, honnestes et vertueuses comme ceste-ci, n'atirassent plus le cœur de leurs subjectz par leurs beautez et douceurs, que toutes les forces des hommes.

M. du Tilhet[1] dit que la reyne Clotilde fit recevoir en France la religion chrestienne, et despuis ne s'est trouvée aucune reyne qui s'en soit desvoyée, qui est ung grand honneur pour les reynes : ce qui n'est advenu aux rois despuis Clovis; car Chilpéric premier fut entaché de l'erreur arrienne, et deux seulz prélatz de l'église galicane par résistance l'arrestarent, comme dict Grégoyre de Tours[2].

Davantage, Catherine, fille de Charles VIe, ne fut-

---

Pierre Ier, duc de Bourbon. Son frère Philippe le Hardi, à qui il avait confirmé (1364) la donation faite par le roi Jean du duché de Bourgogne, se maria en 1369 à Marguerite, fille de Louis de Male, comtesse de Flandre.

1. Voyez les *Mémoires et recherches de J. du Tillet*, Troyes, 1578, in-8°, f° 144 v°.

2. Ces deux évêques étaient Grégoire de Tours et Salvius, évêque d'Albi. Voyez Grégoire de Tours, liv. V, chap. XLVI. Brantôme a pris ceci non pas dans le chroniqueur, mais dans l'*Histoire de France* de du Haillan, p. 67.

elle pas ordonnée reyne de France par le roy son père et son conseil[1]?

Du Tilhet dict encores de plus[2] : que les filles de France estoient en telles révérances, qu'encores qu'elles fussent mariées à moindres que roys, néantmoings prenoient le tiltre royal, et estoient appellées reynes avec' le nom propre; et cest honneur leur estoit donné pour leur vie, par démonstration qu'elles estoient filles de roys de France. Ceste coustume ancienne monstroit sourdement que les filles de France pouvoyent estre bien reynes, aussi bien que les filz. Il se treuve que, du temps du roy sainct Louys, tenant la cour des pairs, la contesse de Flandres[3] est renommée présente et tenant lieu[4] entre les pairs. Voylà commant ceste loy salique faut entre les membres et non parmy le chef; en quoy elle est corrompue, car les membres se doyvent reigler par le chef.

Voyez que dict encor' M. du Tilhet[5] : « Par la loy
« sallique, escripte pour les seulz subjectz, quand il
« n'y avoit filz, les filles héritoyent en l'ancien pa-
« trimoyne. Qui vouldroit reigler la couronne, mes-
« dames, filles de France, au deffaut des filz, la

---

1. Par le honteux traité qu'Isabeau de Bavière lui fit conclure à Troyes le 21 mai 1420 avec Henri V d'Angleterre, Charles VI donna sa fille Catherine en mariage au monarque anglais qu'il déclara régent du royaume et héritier de la couronne de France, à l'exclusion de tout prince de la famille royale.

2. Du Tillet, *ibid.*, f° 183 v°.

3. Jeanne, comtesse de Flandre, assista, entre les pairs, au sacre de Louis IX, en 1226, pendant la captivité de son mari Ferrand de Portugal.

4. *Tenant lieu*, tenant sa place.

5. Du Tillet, *ibid.*, f° 182.

« prendroient; et néantmoings elles en sont perpé-
« tuellement excluses par coustume et loy particu-
« lière de la maison de France, fondée sur la magna-
« nimité des François, qui ne peuvent souffrir d'estre
« dominez par les femmes. » Et ailleurs dict : « Et
« se faut esbayr de la longue ignorance qui a attri-
« bué ceste coustume à la loy salique, qui est con-
« trayre. »

Le roy Charles le Quint, traittant le mariage de madame Marie de France, sa fille, aveq Guillaume, conte de Haynaut, en l'an mil troys cens septante et quatre[1], stipula la renonciation dudit conte au droict du royaume et de Dauphiné; ce qui est ung grand poinct : et par là voyez-vous les contrariétez[2]?

Certes, si les femmes sçavoient manier les armes aussi bien que les hommes, elles s'en feroient accroire : mais, en récompence, elles ont leur beau visage, qu'on ne recongnoist pas comme on debvroit; car, certes, il vault mieux d'estre commandé des belles, habilles, gentilles et honnestes femmes, que des hommes fascheux, fatz, laidz et maussades, comme[3] jadis il y en ha heu en ceste France.

Je vouldrois bien sçavoir si ce royaume s'est mieux trouvé d'une infinité de roys fatz, sotz, tyrans, simples, faictznéantz, idiotz, folz, qui ont estez (ne voulant pourtant taxer noz braves Pharamontz, noz Clodions, noz Clovis, noz Pépins, noz Martelz,

1. Ce mariage n'eut pas lieu. Marie mourut jeune en 1377.
2. *Contrariétez,* contradictions.
3. Cette dernière ligne est ajoutée en marge de la main de Brantôme, sur le ms. 3271.

noz Charles, noz Louys, noz Philipes, noz Jehans, noz Françoys, noz Henrys, car ilz sont estez trop braves et magnanimes ceux-là : et bien heureux estoit le peuple qui estoit soubz eux), qu'ilz heussent faict d'une infinité de filles de France qui sont estées très-habilles, fort prudentes et bien dignes pour commander. Je m'en raporte aux régences des mères des roys commant on s'en est bien trouvé.

Frédégonde, commant administra-elle les affaires de France pendant le soubz-aage du roy Clotayre son fils, les administrant si sagement et dextrement, qu'il se vit, avant que mourir, monarque de la Gaule et de beaucoup de l'Allemaigne ?

Le semblable fit Natilde[1], femme de Dagobert, à l'endroict du roy Clovis deuxiesme, son filz, et, long-temps aprez, Blanche, mère de sainct Louys, laquelle s'i comporta si saigement, ainsin que j'ay leu, que, tout ainsin que les empereurs romains se faisoient apeller *Augustes*, en commémoration de l'heur et prospérité qui s'estoit trouvée au grand empereur Auguste, aussi toutes les reynes mères anciennement, aprez le décez des roys leur marys, voulloyent estre nommées reynes *Blanches*, pour ung honnorable mémoyre tirée du gouvernement de cette saige princesse. Encor' que M. du Tillet y contredict ung peu en cella[2], toutesfois je le tiens d'un grand sénateur.

Et, pour passer plus bas, Yzabeau de Bavières eust

---

1. Nanthilde, seconde femme de Dagobert Ier qui en eut cinq. Elle survécut à son mari qui mourut en 638, gouverna les royaumes de Neustrie et de Bourgogne pendant la minorité de son fils Clovis II, et mourut en 641.

2. Et avec raison. Voyez les *Mémoires*, f° 148.

la régence de son filz, son mary Charles VI<sup>e</sup> estant altéré de son bon sens, par l'advis de son conseil; comme aussi fut madame de Bourbon du petit roy Charles VIII<sup>e</sup> son frère, en son bas aage, madame Louyse de Savoye du roy François, et la reyne mère du roy Charles neufiesme son filz.

Si donq les dames estrangières (fors madame de Bourbon[1], car elle estoit fille de France) sont estées si capables de gouverner si bien la France, pourquoy ne le seront les nostres telles, et ne la gouverneroient aussi bien, et d'aussi bon zelle et affection, puisqu'elles y sont nées et y ont pris leur laict, et que le faict leur touche?

Je vouldrois bien sçavoir en quoy noz derniers roys ont surpassé noz trois filles de France dernières, Elizabet, Claude et Marguerite; que si elles fussent venues à estre reynes de France, qu'elles ne l'eussent aussi bien gouvernée (sans que je veuille pourtant taxer leur suffisance et régence, car elle a esté très-grande et très-sage), aussi bien que leur frères. J'ay ouy dire à beaucoup de grands personnages bien entendus et bien prévoyans, que possible n'eussions-nous heu les malheurs que nous avons heu, que nous avons et que nous aurons encor'; et en alléguoient des raisons qui seroient trop longues à mettre icy. Mais voilà, ce dict le commun et sot vulgayre : « Il faut observer la loy sallique. » Pauvre fat qu'il est! Ne sçait-il pas bien encores que les Germains, de l'estoq' desquelz nous sommes sortis, avoyent accoustumé d'apeller les femmes à leurs affaires d'Es-

---

1. Anne de Beaujeu. Voyez son article plus loin.

tat, tout aussi bien que les hommes, comme nous apprenons de Tacitus [1]? Par là nous aprenons que ceste loy sallique a esté despuis corrompue, puisqu'ilz les ont senties dignes de commander; mais ce n'est qu'une vraye coustume, et que les pauvres filles, qui estoient foibles pour débattre leur droict par la poincte de l'espée, comme il se débattoit anciennement, les hommes les en excluoient et chassoient du tout. Ah! que ne vivent maintenant noz braves et vaillans palladins de France, ung Roland, ung Renaud, ung Ogier, ung Olivier, ung Deudon, ung Griffon, ung Yvon, et un' infinité d'autres braves, desquelz la proffession estoit, et la gloire, de secourir les dames et les maintenir [2] en leurs afflictions et traverses de leur vie, de l'honneur et biens, pour maintenant combattre le droict de nostre reyne Marguerite! laquelle, tant s'en faut qu'elle jouisse d'ung seul pouce de terre du royaume de France (duquel est si noblement sortie, et qui, possible, luy apartient de tout droict divin et humain), qu'elle ne jouist pas rien de sa conté d'Auvergne, qui luy apartient par toute justice et æquité, pour estre restée seulle et héritière de la reyne sa mère, et est retirée dans ung chasteau d'Usson [3], parmy les déserts, rochers et montagnes d'Auvergne : habitation certes, par trop dissemblable à une grande ville de Paris, où elle debvroit maintenant tenir son throsne et son siège de justice, qui luy appartient

---

1. Voyez Tacite, *De Moribus Germanorum*, chap. VIII.
2. *Maintenir*, aider.
3. Usson dans le Puy-de-Dôme, arrondissement d'Issoire.

et de son droict, et de celuy du roy son mary. Mais le malheur est tel, qu'on ne veut recepvoir ny l'un ny l'autre¹. Que si tous deux estoyent bien unis ensemble, et de corps et d'ame et d'amityé, comme ils ont estez, possible que tout en yroit mieux pour tous, et se feroyent craindre, respecter et recongnistre pour tels qu'ils sont².

J'ay ouy dire à M. de Pibrac³ une foys, que ceste alliance de Navarre a esté fatalle en cella, pour avoyr veu en discordance le mary et la femme, comme d'autrefois a esté de Louys Hutin, roy de France et de Navarre, aveq Marguerite de Bourgougne, fille du duc Robert troiziesme; plus, Philipes le Long, roy de France et de Navarre, aveq' Jehanne, fille du conte Othelin de Bourgougne, laquelle, se trouvant innocente, se purgea fort bien⁴; puis, Charles le Bel,

---

1. Brantôme a ajouté en marge : Non pas (c'est-à-dire ils n'étaient pas reçus) de ce temps que cecy j'escrivoys, mays aujourduy.

2. Il y a à la suite deux lignes biffées et à peu près illisibles; et Brantôme a ajouté en marge : Dieu a voulu despuys qu'ils se sont bien réconciliez, qui est ûn très-grand heur.

3. Gui du Faur, seigneur de Pibrac, célèbre par ses quatrains, né en 1529, mort en 1584. Voyez, dans l'édition des *Mémoires* de Marguerite, publiée par M. Guessard, plusieurs lettres de Marguerite à Pibrac avec les réponses. Cf. Dict. de Bayle, art. NAVARRE.

4. Louis X avait épousé en 1305 Marguerite, fille de Robert II, duc de Bourgogne, qui, convaincue d'adultère avec Philippe d'Aunai, fut enfermée au Château-Gaillard en 1314. Son mari la fit étrangler au mois d'août de l'année suivante. Les frères de Louis, Philippe le Long et Charles IV, avaient épousé les deux sœurs Jeanne et Blanche, filles d'Othon IV, comte de Bourgogne, qui se livrèrent aux mêmes désordres que leur belle-sœur. La première, après avoir été reléguée pendant un an à Dourdan, fut

roy de France et de Navarre, aveq' Blanche, fille d'Othelin, encor' conte de Bourgougne, qui fut sa première femme; et, de fraiz, le roy Henry d'Albret aveq' Marguerite de Vallois[1], comme je tiens de bon lieu, qui la traittoit très mal, et eut encor' faict pis sans le roy François son frère, qui parla bien à luy, le rudoia fort, et le menassa pour honnorer si peu sa femme et sa sœur[2], veu le rang qu'elle tenoit.

Le roy Anthoyne dernier mourut aussi, estant en mauvais mesnage aveq' la reyne Jehanne sa femme.

Nostre reyne Marguerite est ainsin un peu en division et divorce aveq le roy son mary; mays[3] Dieu les metra un jour en bonne union, en despit du temps misérable.

J'ay ouy dyre à une princesse qu'elle luy sauva la vie au massacre de la Sainct-Barthélemy; car indubitablement il estoit proscript et couché sur le papier rouge, comme on dit, parce qu'on disoit qu'il falloit oster les racines, comme le roy de Navarre, le prince de Condé, et l'admiral et autres grands; mais ladicte reyne se jetta à genoux devant le roy Charles, pour luy demander la vie de son mary et

---

reprise par Philippe et vécut depuis en bonne intelligence avec lui. La seconde fut séparée de son mari par sentence du pape en 1322 et mourut religieuse à Maubuisson en 1326.

1. Marguerite d'Angoulême, sœur de François I<sup>er</sup>. Voyez son article plus loin.

2. Sa femme et sa sœur, c'est-à-dire elle qui était femme de Henri d'Albret et sœur de François I<sup>er</sup>.

3. Cette fin d'alinéa a été rajoutée en marge par Brantôme et a remplacé une ligne biffée.

seigneur. Le roy Charles la luy accorda assez difficillement, encor' qu'elle fust sa bonne sœur. Je[1] m'en raporte à ce qui en est, car je n'en sçay que pour ouyr dire. Et si porta fort impatiemment ce massacre, et en sauva plusieurs, jusques à ung gentilhomme gascon (il me semble qu'il s'apelloyt Lerac)[2] qui, tout blessé qu'il estoit, se vint jetter soubz son lict, elle estant couchée, et les meurtriers l'ayant poursuyvy jusques à la porte, dont elle les en chassa; car elle ne fust jamais cruelle, mais toute bonne, à la mode des filles de France[3].

1. Brantôme a rajouté cette phrase en marge.
2. Cette phrase a été ajoutée en marge par Brantôme.
3. Voici le récit de Marguerite dans ses *Mémoires :*

« Comme j'estois plus endormie, voicy un homme frappant des pieds et des mains à la porte, criant : « Navarre ! Navarre ! » Ma nourrice, pensant que ce fust le roy mon mary, court vistement à la porte et lui ouvre. Ce fust un gentilhomme M. de Léran (Gabriel de Levis, vicomte de Leran) qui avoit un coup d'espée dans le coude et un coup de hallebarde dans le bras et estoit encores poursuivy de quatre archers qui entrèrent tous après luy en ma chambre. Luy, se voulant guarantir, se jetta sur mon lict. Moy sentant cet homme qui me tenoit, je me jette à la ruelle, et luy après moy, me tenant toujours au travers du corps. Je ne cognoissois point cet homme, et ne sçavois s'il venoit là pour m'offenser, ou si les archers en vouloient à luy ou à moy. Nous cryons tous deux et estions aussi effrayez l'un que l'aultre. Enfin Dieu voulut que M. de Nançay, capitaine des gardes, y vinst, qui me trouvant en cet estat là, encores qu'il y eust de la compassion, ne se peust tenir de rire ; et se courrouçant fort aux archers de cette indiscrétion, il les fist sortir et me donna la vie de ce pauvre homme qui me tenoit, lequel je feis coucher et panser dans mon cabinet jusques à tant qu'il fust du tout guary. » (Édit. Jannet, p. 34.)

Si Marguerite, comme elle le raconte, quelques lignes plus loin,

On dict que la pique d'elle et du roy son mary a procédé plus de la diversité de leur religion que d'autre chose, car chacun ayme et soustient fort la sienne; si que la reyne estant allée à Pau, ville principalle de Béarn, ainsin qu'elle y heust faict dire la messe, il y eust ung secrétayre du roy son mary, nommé Le Pin qui avoit esté autrefois à feu M. l'admiral, qui s'en estommacha si bien qu'il fist mettre en prison quelques uns de la ville qui y avoyent esté. La reyne en fut très-mal contante; et le luy pensant remonstrer, il luy parla plus haut qu'il ne debvoit, et fort indiscrettement, mesmes devant le roy[1], qui luy en fist une bonne réprimande et le chassa; car il sçayt bien aymer et respecter ce qu'il doyt, tant il est brave et généreux, ainsin que ses belles et nobles actions l'ont manifesté tel tousjours, dont j'en parleray au long dans sa belle vie.

Le dit du Pin se fondoyt sur l'édict qui est là faict et observé, sur la vie, ny dire ny ouyr messe. La

se jeta aux genoux du roi et de Catherine de Médicis, ce fut pour leur demander non pas la vie du roi son mari, mais celle de Miossens et d'Armagnac, l'un premier gentilhomme de Henri, l'autre son premier valet de chambre; ce qui lui fut accordé.

1. Brantôme avait d'abord rédigé ainsi ce passage : « On ne sçait si ce fut de son mouvement ou de celui du roy son mary; car il ne le traitta pas plus mal autrement, encor' qu'il en vist la reyne très-mal contente, et la reyne le luy pensant remonstrer, il luy parla plus haut qu'il ne debvoit et fort indiscrettement, mesmes devant le roy, se fondant sur l'édict.... » (Voyez les *Mémoires* de Marguerite, année 1578, p. 158-159.) La phrase depuis *qui luy en fit* jusqu'à la fin de l'alinéa a été rajoutée en marge par Brantôme; les derniers mots ont été rognés par le relieur.

reyne s'en santant picquée, Dieu sçait commant, jura et protesta qu'elle ne mettroict jamais le pied en ce païs-là, d'autant qu'elle vouloit estre libre en l'exercice de sa religion; et par ainsin elle en partist; et despuis elle garda très-bien son serment.

J'ay ouy dire[1] que jamais elle n'eut chose tant sur le cœur que telle indignité d'estre privée de l'exercice de sa religion, laquelle, pour la passer de sa fantazie, elle pria la reyne sa bonne mère de la venir querir pour la veoir, et aller jusques en France veoir le roy et Monsieur, son frère, qu'elle honnoroit et aymoit beaucoup; où estant, elle ne fut veue et receue du roy son frère comme il devoit[2] : et voyant ung grand changement despuis qu'elle estoit partie, et plusieurs personnes eslevées en des grandeurs qu'elle n'avoit veu ny pensé, cela luy faschoit fort de les rechercher et leur faire la court, comme les autres, nullement ses pareilles, faisoient; tant s'en faut, qu'elle les mesprisoit grandement, comme j'ay veu, tant avoit-elle le courage grand! Hélas! trop grand certes, s'il en fust onq'; mais pourtant cause de tout son malheur; car, si elle l'eust vouleu ung peu contraindre et rabaisser le moins du monde, elle n'eust esté traversée comme elle a esté.

Sur quoy je feray ce conte[3] : que, lorsque le roy son frère alla en Poullougne, et y estant, elle sceut

---

1. Brantôme avait d'abord mis : Je luy ay ouï dire.

2. Ces mots ont remplacé ceux-ci : Comme elle se cuydoit, quoy voyant....

3. Brantôme avait ajouté entre les lignes ces mots : *que j'ay ouï dire*, qu'il a effacés. — Voyez *Mémoires* de Marguerite, p. 18 et suiv.

que M. du Gua, fort favorisé du roy son dict frère, avoit tenu quelques propos assez désadvantageux d'elle, et assez bastans pour mettre le frère et la sœur en innimitié ou quelque picque. Au bout de quelque temps, ledict M. du Gua, retourné de Poulougne et arrivé à la court, et portant des lettres dudict roy à sa sœur, les luy alla porter et baiser les mains en sa chambre; ce que je vis. Quand elle le vist entrer, elle fut en grand' collère; et ainsin qu'il se vint présenter à elle pour luy donner sa lettre, elle luy dit d'un visage courroucé : « Bien vous sert, « Le Gua, de vous présenter devant moy aveq' ceste « lettre de mon frère, qui vous sert de sauvegarde, « l'aymant si fort que tout ce qui vient de luy est « en toute franchise aveq' moy; que, sans cela, je « vous aprendrois à parler d'une telle princesse que « je suis, sœur de voz rois, voz maistres et souve- « rains. » M. du Gua luy respondist fort humblement : « Je ne me fusse aussi jamais, madame, pré- « senté devant vous, sachant bien que vous me « voulez mal, sans quelque bonne enseigne du roy « mon maistre, qui vous ayme et que vous aymez fort « aussi; m'asseurant, madame, que, pour l'amour « de luy, et que vous estes toute bonne et géné- « reuse, vous m'ouyrez parler. » Et luy, ayant faict ses excuses et dit ses raisons, comme il sçavoit bien dire, nia très-bien de n'avoir jamais parlé de la sœur de ses roys que très-révéremment. Elle le renvoya, aveq protestation de luy estre cruelle ennemye, comme elle luy a tenu jusqu'à sa mort.

Au bout de quelque temps, le roy escript à madame de Dampierre¹, et là prie, sur tous les plaisirs qu'elle luy sçauroit faire, de faire aveques la reyne de Navarre tant qu'elle pardonnast à M. du Gua, et le print en amityé pour l'amour de luy : ce que madame de Dampierre entreprint à son très-grand regret, car elle cognoissoit le naturel de ladicte reyne ; mais, parce que le roy l'aymoit et se fioyt fort en elle, à tout hazard elle entreprint ceste charge ; et vint ung jour trouver ladicte reyne en sa chambre ; et là trouvant en assez bonne trempe², elle en entama les propos, et luy fist une remonstrance : que, pour avoir la bonne grâce, l'amityé et la faveur du roy son frère, qui estoit desjà roy de France, elle debvoit pardonner à M. du Gua, et luy remettre tout le passé, et le prendre en grâce ; car le roy l'aymoit fort et le favorisoit plus qu'aucuns des siens ; et par ce moyen, elle, le prenant en amityé, pourroit tirer beaucoup de bons services, offices et plaisirs de luy, puisqu'il gouvernoit si paisiblement le roy son maistre ; et qu'il valloit bien mieux qu'elle s'en aydast et prévalust, que de le désespérer et le bander contre elle, et qui luy pourroit beaucoup nuyre ; et qu'elle avoit bien veu de son temps, au règne du roy François I$^{er}$, mesdames Magdelayne et Marguerite, despuis l'une reyne d'Escosse, et l'autre duchesse de Savoye, ses tantes, encor qu'elles heussent le cœur bien grand et haut, s'abaisser si bas que de fayre la court à

1. Jeanne de Vivonne, tante de Brantôme, veuve de Claude de Clermont, baron de Dampierre. Marguerite ne parle point de son entretien avec du Guast dans ses *Mémoires* où elle donne un libre cours à sa haine contre lui.

2. *Trempe*, disposition.

M. de Sourdis[1], qui n'estoit que maistre de la garde-robbe du roy leur père, et le rechercher, afin que, par son moyen, elles se ressentissent de la grâce et faveur du roy leur père; et qu'à l'exemple de ses[2] tantes elle en debvoit faire de mesmes à l'endroict de M. du Gua.

La reyne de Navarre, aprez avoir ouy fort attentivement madame de Dampierre, luy respondist assez froidement, aveq' ung visage ung peu riant pourtant, scellon sa mode; et luy dist : « Madame de
« Dampierre, ce que me dictes seroit bon pour vous,
« qui avez besoing de faveur, de plaisirs et bienfaitez;
« et si j'estois vous, ces parolles que me dittes me seroient fort bien adressées et fort propres; et les recepvrois vollontiers, et mettrois en usage; mais à
« moy, qui suis fille de roy, et sœur de roys, et
« femme de roy, elles ne peuvent servir; d'autant
« qu'aveq' ces grandes et belles qualitez, je ne puis
« estre mandiante, pour mon honneur, des faveurs,
« des grâces et bienfaicts du roy mon frère; car je le
« tiens pour de si bon naturel, et congnoissant si bien
« son debvoir, qu'il ne me les desniera jamais sans la
« faveur du Gua; autrement il se feroit ung grand tort,
« à son honneur et à sa royauté : et, quand bien il
« seroit si desnaturé de s'oublier tant que de me tenir autre qu'il doibt, j'ayme mieux pour mon honneur, et ainsin mon courage me le dit, estre privée
« de ses bonnes graces par faute de n'avoir recherché
« Le Gua et ses faveurs, que si l'on me reprochoit ou

---

1. François d'Escoubleau, seigneur de Sourdis.
2. Il y a par erreur *leur* dans le manuscrit.

« soubçonnoit les avoir par son moyen et interces-
« sion, veu qu'il me semble assez les mériter[1] pour
« estre ce que je luy suis; et s'il se sent digne d'estre
« roy, et aymé de moy et de son peuple, je me sens,
« comme sa sœur, estre assez digne aussi d'estre reyne
« et aymée, non seullement de luy, mais de tout le
« monde. Et si mes tantes, que vous m'alléguez, se
« sont si abaissées comme vous dittes, faire l'ont peu
« si elles l'ont voulu, ou telle a esté leur humeur;
« mais leur exemple ne me peut donner loy, ny au-
« cune sorte d'imitation, ne me voulant nullement
« former sur ce modelle, sinon sur le mien propre. »
Par ainsin elle se taisa, et madame de Dampierre se
retira, non pourtant que la reyne luy en voulut mal
autrement, car elle l'aymoit fort.

Un' autre fois, lorsque M. d'Espernon alla en Gascongne aprez la mort de Monsieur (voyage fondé sur
divers subjectz, à ce que l'on disoit)[2], allors il vist
le roy de Navarre à Pamyés; et s'entrefirent de
grandes chères et caresses. Je parle ainsin; car lors
M. d'Espernon estoit demy roy en France, pour la
desbordée faveur qu'il avoit aveq' le roy son maistre.
Aprez donq' s'estre bien caressez et faictz bonne
chère ensemble, le roy de Navarre le pria de le venir veoir à Nérac, aprez qu'il auroit esté à Thoulouze,
et s'en voudroyt retourner; ce qu'il luy promist : et
s'estant acheminé devant pour faire ses préparatifz à

1. C'est-à-dire : qu'il me semble que je les mérite assez.
2. Ce voyage, qui eut lieu en mai 1585, avait pour but de dé-
cider Henri IV à se convertir au catholicisme. Voyez Girard, *Hist.
de la vie du duc d'Espernon*, t. I, p. 89 et suiv.; le *Journal* de
l'Estoile, et les *Mémoires* de Villeroy.

le bien festiver¹, la reyne de Navarre qui estoit là, et qui vouloit mal mortel à M. d'Espernon pour beaucoup de grands subjectz, dit au roy son mary qu'elle se voulloit oster de là pour ne perturber² et empescher la feste, ne pouvant nullement suporter la veue de M. d'Espernon sans quelque escandalle et venin de collère qu'elle pourroit vomir, qui pourroit donner fascherie aucunement au roy son mary. Par quoy, estant sur son partement, le roy la pria, sur tous les plaisirs qu'elle luy sçauroit fayre, de ne bouger et luy ayder à recepvoir mondict sieur d'Espernon, et mettre toutte sa rancune qu'elle luy portoit soubz les piedz pour l'amour de luy, d'autant que cela leur importoit grandement à tous deux, et à leur grandeur.

« Et bien, monsieur, luy dist la reyne, puis qu'il
« vous plaist me le commander, je demeureray et luy
« feray bonne chère, pour vostre respect et l'obé-
« dience que je vous doibs. » Et puis dit à aucunes de ses dames : « Mais je vous respons bien que, lors-
« qu'il arrivera, et tant qu'il demeurera, ces jours là
« je m'abilleray d'un habillement dont je ne m'a-
« billay jamais, qu'est de dissimulation et hypo-
« crisie; car je masqueray si bien mon visage de
« faintise, qu'il n'y verra que tout bon et honneste
« recueil et toute douceur, et pareillement je poseray
« à ma bouche toute discrétion : si bien que je me
« rendray par l'extérieur telle que l'on pensera l'in-
« térieur de mon cœur bon, duquel autrement je
« n'en puis respondre; n'estant nullement à mon

---

1. *Festiver*, festiner, festoyer. — 2. *Perturber*, troubler.

« pouvoir, estant du tout à luy, tant il est hault,
« plain de franchise, et ne sçauroit supporter d'eau
« punaise[1], ny le venin d'aucune hypocrisie, ny
« moins le faire abaisser, puisqu'il n'y a rien que
« Dieu et le ciel qui le puissent amolir et le rendre
« tendre, en le refaisant ou le refondant. »

Pour rendre donq' contant le roy son mary, car elle l'honoroyt fort, aussy luy rendoit-il de mesme[2], elle se desguisa de telle façon, que, M. d'Espernon venant arriver en sa chambre, elle le recueillist de la mesme forme que le roy l'en avoit priée et elle luy avoit promis : si bien que toute la chambre qui estoit playne d'une infinité d'assistans, qui se pressoient pour veoir ceste entrée et entrevue, en furent fort esmerveillez ; et le roy et M. d'Espernon en demeurarent contans ; mais les plus clairsvoyans, et qui cognoissoient le naturel de la reyne, se doubtoyent bien de quelque garde dedans : aussi disoit-elle qu'elle avoit joué un rolle en ceste commédie mal vollontiers. Je[3] tiens de bon lieu tout cecy[4].

Voylà deux contes par lesquelz on peut bien congnoistre la hauteur du courage de ceste reyne, lequel estoit tel, que j'ay ouy dire à la reyne sa mère, sur ce discours et subject, qu'elle en estoit fort semblable au roy son père, et qu'elle n'avoit aucuns de ses enfans qui le semblast mieux qu'elle, tant en façons, humeurs, linéamentz et traitz de visage, qu'en cou-

1. *Punaise*, puante.
2. Cette phrase incidente a été rajoutée en marge par Brantôme.
3. Cette phrase a été rajoutée en marge par Brantôme.
4. Probablement de Marguerite elle-même.

rage et générosité; d'autant qu'elle avoit veu le roy Henry, durant le roy François son père, qui, pour son royaulme, n'eust pas recherché ny naqueté[1] le cardinal de Tournon, ny l'admiral d'Annebaut, grands favorits du roy; mesmes qu'il heust eu la paix ou les treufves souvant de l'empereur Charles, s'il luy eust voulu requérir et rechercher; mais sa générosité ne se pouvoit soubsmettre à telles recherches. Aussi, tel estoit le père, telle est la fille. Mais pourtant tout cela luy a beaucoup nuist. Je m'en raporte à une infinité de traverses et indignitez qu'elle a receu à la court, que je ne diray point, car elles sont trop odieuses, jusques à en avoir estée envoyée, aveq certes ung grand affront, et pourtant innocente de ce que l'on luy mettoit assus[2], ainsin que la preuve en fist foy à plusieurs, car je le sçay : et comme le roy son mary en fust asseuré, en quoy il en demanda raison au roy, dont il fust très-bon en cela[3], et si en cuida soudre[4] entre eux deux frères quelque contention sourde et hayne[5].

1. *Naqueté*, courtisé, flatté.
2. *Mettre assus* (ou *à sus*), imputer, charger.
3. Le manuscrit ajoutait : « Aussi lui alloit-il du sien. » Mais ces mots ont été rayés par Brantôme.
4. *Soudre*, sourdre.
5. « Le lundy, huitiesme jour d'aoust (1583), la reine de Navarre, après avoir demeuré en la cour l'espace de dix-huit mois, partit de Paris par le commandement du roy, pour en Gascogne retrouver le roy de Navarre son mary, par commandement du roy, réitéré par plusieurs fois, lui disant que mieux et plus honnêtement elle seroit près de son mary qu'en la cour de France où elle ne servoit de rien. De fait, partant le dit jour, elle s'en alla coucher à Palaiseau, où le roy la fit suivre par soixante ar-

La guerre de la Ligue amprez arriva; et, d'autant que la reyne de Navarre se craignoit de quelques uns, chers de sa garde, sous la conduite de Larchant, qui la vint chercher jusque dans son lit et prendre prisonnières la dame de Duras et la demoiselle de Béthune, qu'on accusoit d'incontinance et d'avortements procurés. Furent aussi arrêtés Lodon, gentilhomme de sa maison, son écuyer, son secrétaire, son médecin et autres jusqu'au nombre de dix, et tous menés à Montargis, où le roy les interrogea lui-même sur les déportements de sa sœur, même sur l'enfant qu'il était bruit qu'elle avoit eu depuis sa venue en cour; de la façon duquel étoit soupçonné le jeune Chanvallon, qui de fait, à cette occasion, s'étoit absenté de la cour. Mais sa Majesté n'ayant rien pu découvrir, les remit tous en liberté, et licentia sa sœur, pour continuer son voyage; et ne laissa pas d'écrire au roi de Navarre comme toutes choses s'étoient passées.

« Du depuis, le roy ayant songé à la conséquence d'une telle affaire, écrivit nouvelles lettres au roy de Navarre par lesquelles il le prioit de ne laisser, pour ce qu'il lui avoit mandé, de reprendre sa sœur; car il avoit appris que tout ce qu'il lui avoit écrit étoit faux. A quoi le roi de Navarre ne fit autrement réponse; mais, s'arrêtant aux premiers avis que le roy lui avoit donnés, qu'il sçavoit certainement contenir vérité, s'excusa fort honnêtement à Sa Majesté, et cependant résolut de ne pas reprendre sa femme. De quoy le roy irrité envoya Bellièvre avec mandement exprès et lettres écrites de sa main, par lesquelles, avec paroles piquantes, il lui enjoignoit de mettre promptement à exécution sa volonté. Entre les autres traits des lettres du roy, étoit celui-cy : « Les roys sont sujets à être trompés, et les prin-
« cesses les plus vertueuses ne sont pas souvent exemptes de la
« calomnie. Vous savez ce qu'on a dit de la feue reine, votre mère,
« et combien on en a mal parlé. » Sur quoy, le roy de Navarre se prit à rire, et, en présence de toute la noblesse qui étoit là, dit à Bellièvre : « Le roy, par toutes ses lettres, me fait beaucoup
« d'honneur; par les premières, il m'appelle cocu, et par les der-
« nières fils de putain : je l'en remercie. » (Journal de L'Estoile août 1583). Cf. la notice placée en tête des *Mémoires* de Marguerite, édition Jannet, p. xvi et suivantes.

à cause qu'elle estoit très-grande catholique, elle se retira à Agen[1], qui luy avoit esté donné, et le pays, par les roys ses frères, en apanage et en don pour sa vie durant : et puysqu'il y alloit de la relligion catholicque, et qu'il la falloit maintenir et exterminer l'autre, elle voulut fortiffier la sienne de son costé de tout ce qu'elle peut, et faire la guerre contre l'autre; mais elle y fust très-mal servie, par le moyen de madame de Duras[2], disoyt-on, qui la gouvernoit fort, et qui soubz son nom faisoit de grandes exactions et concussions. Le peuple de la ville s'en aigrist, et soubz main en couva une liberté et moyen de chasser et leur dame et ses garnisons. Sur lequel mescontentement M. le mareschal de Matignon prist occasion de faire entreprise à la ville, ainsin que le roy, en ayant sceu les moyens, luy commanda aveq' une grand' joye, pour agraver[3] sa sœur, qu'il n'aymoit, de plus en plus de desplaisirs. Par quoy l'entreprise, qui pour la première fois avoit esté faillie, fut menée pour la seconde fois si dextrement par mondict sieur mareschal et les habitans, que la ville fust prise et forcée de telle sorte et en telle pretezze[4] et allarme, que la pauvre reyne tout ce qu'elle peut faire, fut que de monter en trousse derrière ung gentilhomme, et madame de Duras derrière ung autre, et se sauver de vitesse, et faire douze grand' lieues d'une traitte, et le lendemain autant, et se sauver dans la plus

---

1. En 1585. Elle fut chassée de la ville la même année.
2. Barbe Cauchon de Maupas, veuve de Symphorien de Durfort, seigneur de Duras.
3. *Agraver*, charger, grever. — 4. *Pretezze*, prestesse.

forte forteresse de la France, qui est Carlat : où estant, et pensant estre en seureté, elle fut, par les menées du roy son frère (qui estoit un très-habille et très-subtil roy s'il en fut onq), vendue par ceux du peys¹ et de la place ; et, en estant sortie, s'en deffiant, ainsin qu'elle se sauvoit fut prisonnière entre les mains du marquis de Canillac², gouverneur de l'Auvergne, et menée dans le chasteau d'Usson, bien forte place aussi, voyre imprenable, que le bon et fin renard roy Louys XIᵉ avoit rendu en partye tel pour y loger ses prisonniers, les tenant là plus en seuretté cent fois qu'à Loches, Bois de Vincennes et Luzignan.

Voylà donq' ceste pauvre princesse prisonnière léans, et traittée non en fille de France certes, ny en princesse si grande que celle-là. Touteffois, si son corps estoit captif, son brave cœur ne l'estoit point, et ne luy mancqua point, et luy assista très-bien, pour ne se laisser point aller en son affliction. Que c'est que peut ung grand cœur conduict d'une grande beauté ! Car celluy qui la tenoit prisonnière en devint prisonnier dans peu de temps, encor' qu'il fust fort brave et vaillant. Pauvre homme ! que pensoit-il faire ? Vouloir tenir prisonnière, subjette et captive en sa prison, celle qui, de ses yeux et de son beau visage, peut assubjectir en ses liens et chaisnes tout le reste du monde comme ung forçat !

Le voylà donq ce marquis ravy et pris de cete

---

1. *Peys*, pays.
2. Jean-Timoléon de Beaufort, marquis de Canillac, lieutenant pour le roi dans la haute Auvergne, mort en 1598.

beauté; mais elle, qui ne songe en aucunes délices d'amour, ains en son honneur et en sa liberté, joue son jeu si excortement[1] qu'elle se rend la plus forte, et s'empare de la place et en chasse le marquis, bien esbahy d'une telle surprise et ruse millitaire[2]. Elle l'a gardée desjà il y a six à sept ans[3], non pourtant en tous les souhaictz et plaisirs du monde, despouillée de la conté d'Auvergne[4], détenue par M. le grand prieur de France, que le roy fist instituer conte et héritier par la reyne mère en son testament, aveq' son regret de quoy elle ne pouvoit laisser à la reyne sa bonne fille au moins quelque chose du sien propre, tant estoit la hayne grande que le roy luy portoit! Hélas! quelle mutation au pris de celle que j'ay veu, qu'ilz s'entr'aymoyent tant, et n'estoient qu'un corps, une ame et une mesme vollonté! Ah! que d'autre fois j'ay veu qu'il les faisoit beau veoir discourir ensemble; car, fust ou sérieusement, ou en gayetté, rien n'estoit plus beau à veoir ny à ouyr,

---

1. *Excortement*, adroitement. — Le manuscrit ajoutait : *et si sagement*. Ces mots ont été rayés par Brantôme.

2. La première rédaction portait ceci : Et en chasse l'autre bien esbahy d'une telle ruse et surprise, où pourtant elle a vescu six à sept ans, non pourtant en tous les souhaitz ny plaisirs dn monde, fort desnuée de biens et du conté d'Auvergne.

3. Marguerite habita le château d'Usson de 1585 à 1605. Brantôme a donc écrit ce passage vers 1591 ou 1592.

4. Catherine de Médicis, qu'un arrêt du Parlement avait en 1552 mise en possession du comté d'Auvergne, le légua (1589) à Charles de Valois, fils naturel de Charles IX et grand prieur de France; mais en 1606, Marguerite s'étant pourvue au Parlement contre cette donation, se fit adjuger le comté, qu'elle céda ensuite au dauphin (Louis XIII).

car tous deux disoieut ce qu'ils voulloyent! Ah! que le temps est bien changé à celluy que quand[1] on les voyoit danser tous deux en la grand' salle du bal d'une belle accordance, et de vollonté et de dance! Le roy la menoit ordinairement dancer le grand bal. Si l'un avoit belle majesté, l'autre ne l'avoit pas moindre. J'ay veu assez souvant la mener dancer la pavanne d'Hespaigne, danse où la belle grâce et majesté font une belle représentation; mais les yeux de toutte la salle ne se pouvoyent saouller, ny assez se ravir par une si agréable veue; car les passages y estoient si bien dansez, les pas si sagement conduictz, et les arrestz faictz de si belle sorte, qu'on ne sçavoit que plus admirer, ou la belle façon de danser, ou la majesté de s'arrester, représentant maintenant une gayetté, et maintenant ung beau et grave desdain; car il n'y a nul qui les aye veus en ceste danse, qui ne die ne l'avoir veue danser jamais si bien, et de si belle grace et majesté, qu'à ce roy frère et à ceste reyne sœur; et, quand à moy, je suis de telle opinion, et si l'ay veue danser aux reynes d'Hespaigne et d'Escosse très-bien.

Je leur ay veu pareillement fort bien danser le *pazzemezo* d'Italie, ores en marchant et aveq' ung port et geste grave, en conduisant si bien et si gravement leur pas, ores les coullant seullement, et ores en y faisant de fort beaux, gentils et graves passages, que nul autre ou prince ou autre y pouvoit aprocher, ny dame, car la majesté n'y estoit point espargnée : aussi ceste reyne prenoit grand plaisir à

---

1. *Que quand*, où.

dancer ces dances graves, pour sa belle grâce, aparance et grave majesté, qu'elle faisoit aparoir mieux qu'aux autres danses, comme bransles, voltes et courantes. Elle ne les aymoit guières, encor' qu'elle s'en acquitast très-bien, parce qu'elles n'estoient pas dignes de sa majesté, mais ouy bien propres pour les grâces communes d'autres dames.

Je luy ay veu aussi aymer quelquefois le bransle de la torche ou du flambeau, et pour ce mesme subject. Sur quoy il me souvient qu'une fois estant à Lion, au retour du roy de Poullougne, aux nopces de Besne[1], l'une de ses filles, elle dansa ce bransle[2] devant forces estrangiers de Savoie, de Piedmont, d'Italie et autres, qui dirent n'avoir rien veu de si beau que ceste reyne, si belle et grave, danser si belle et grave danse comme certes elle est : dont il y en heust quelq'un qui alla racontrer[3] là dessus, disant que ceste reyne n'avoit point de besoing, comme les autres dames, du flambeau qu'elle tenoit en la main ; car celluy qui sortoit de ses beaux yeux, qui ne mouroit point comme l'autre, pouvoit suffire, ayant autre vertu que de mener danser les hommes, puisqu'il pouvoit embrazer tous ceux de la salle, sans se pouvoir jamais estaindre comme l'autre qu'elle avoit en la main, et qu'il estoit pour esclairer de nuict parmy les ténèbres, et de jour parmy le souleil mesme.

1. Baines, de la maison de Montfiquet.
2. Brantôme avait rajouté en marge : « Et nous fist cet honneur à Clermont d'Antrague et à moy de nous prendre »; mais il a lui-même biffé cette addition.
3. *Racontrer*, rencontrer.

Doncques faut-il là dessus que la fortune nous a esté à tous nous autres aussi bien ennemye qu'à elle, que nous ne voyons plus ce beau flambeau, voire ce beau souleil esclairer sur nous autres, et qu'il s'en soit allé cacher en ces sommetz et montaignes de l'Auvergne; et mordieu au moins s'il s'en fust allé poser sur quelque beau port ou havre de mer, au feu duquel les mariniers et passants se fussent guidez, sans danger et naufrage, pour leur servir de fanal, sa demeure en seroit plus belle, plus proffitable et plus honnorable pour elle et pour tous. Ah! peuple de Provence, vous la debvriez supplier d'aller habiter dans voz beaux portz et belles costes de mer, qu'elle rendroit encores plus illustres qu'ilz ne sont, et plus habitables et plus riches; car de toutes partz aborderoient gens, gallères, navires et vaisseaux, pour veoir la merveille du monde, comme jadis celle de Rhodes par son beau far et reluysant fanal; au lieu que ressarrée dans les barrières et barricaves[1] de ses montaignes d'Auvergne, et ne se pouvants fausser aisément, elle nous est cachée et incongneue du tout à nos yeux, si non d'autant que nous en avons sa belle idée. Ah! belle et antique ville de Marseille, que vous seriez heureuse si vostre port estoit honnoré du flambeau et fanal de ses beaux yeux! Aussi bien la conté de Provance luy appartient, ainsin que plusieurs autres provinces, voyre la France. Que maudit soit la malheureuse obstination que l'on a en ce royaulme de ne la rechercher aveq le roy son mary[2],

---

1. *Barricaves*, précipices.
2. Les mots *avec son mary* ont été rajoutés entre les lignes par

recueillir et honnorer comme l'on doibt! Si c'estoit une reyne et princesse mauvaise, malicieuse, avare ou tyranne, comme il en a heu force le temps passé en France, et possible qu'il y en aura encores, je n'en sçaurois que dire; mais elle toute bonne, toute splendide, libéralle, n'ayant rien à soy, donnant à tout le monde, et gardant peu pour soy, tant charitable, tant ausmonnière à l'endroict des pauvres. Aux plus grands elle faisoit honte en libéralitez; comme je l'ay veue au jour des estreynes faire des présens à toute la court, que les roys ses frères s'en estonnoyent et n'en faisoyent de pareilz.

Elle donna à la reyne Louyse de Lorrayne une fois pour ses estreynes ung esvantail faict de nacres de perles, enrichi de pierreries et grosses perles, si beau et si riche, qu'on disoit estre ung chef d'œuvre, et l'estimoit-on à plus de quinze cents escus[1]. L'autre, pour rétribuer[2] ce présent, luy envoya de longs fers d'aiguillettes, que l'Hespaignol appelle *puntas*, enrichis de quelques perles et pierreries, qui pouvoyent monter à quelque cent escus, et la paya de ses aiguillettes pour ses estraines fort, certes, dissemblables.

Bref, ceste reyne est en tout royalle et libéralle, honnorable et magnifique; et, ne desplaise aux impératrices du temps passé, leur magnificences descriptes par Suétone, Pline et autres, n'en ont rien

---

Brantôme qui a mis en marge : J'escrivois cecy au plus fort de la guerre de la Ligue.

1. Brantôme avait d'abord mis : douze cents escus.
2. *Rétribuer*, rendre, donner en échange.

aproché, tant pour estre à sa court et aux villes, que pour aller aux champs et par peys, fust en ses litières tant dorées, tant superbement couvertes et peintes de tant de belles devises, ses coches et carrosses de mesmes, et ses hacquenés si richement enarnachées.

Ceux qui ont veu telz superbes apareilz comme moy sçavent qu'en dire. Et qu'il faille maintenant qu'elle soit frustrée de tout cela, que despuis sept ans elle n'a bougé recluse de ce chasteau austère et mal plaisant, ou pourtant elle prent sa patience, tant elle a de vertu de sçavoir se commander, qui est l'une des grandes, à ce qu'ont dict aucuns philosophes!

Pour parler encor de sa bonté, elle est telle, et si noble et si franche, que je croy qu'elle lui a fort nuist; car encor' qu'elle heust de grandz subjects et moyens pour se venger de ses ennemis et leur nuyre, elle s'est retenue bien souvant les mains, lesquelles, si elle heust vouleu emploier ou faire employer, et commender à d'autres qui estoient assez promptz, possible, par exemples d'aucuns chastiez bien à bon escient, les autres se fussent faictz sages et discretz; mais elle remettoit les vengeances à Dieu.

Ce fut aussi ce que luy dist une fois M. du Gua, ainsin qu'elle le menassoit: « Madame, vous estes si « bonne et généreuse, que je n'ay point ouy dire que « vous ayez offancé jamais aucun. Je croy que vous « ne vouldriez commancer en moy, qui vous suis « très-humble serviteur. » Aussi combien qu'il luy eust beaucoup nuist, elle ne luy rendist la pareille ny vengeance. Il est vray que, lorsqu'on l'eust tué[1] et qu'on luy vint annoncer, elle estant mallade, elle dist seullement : « Je suis bien marrye que ne suis bien « guérie pour de joye sollempniser sa mort. » Mais aussi elle avoit cella de bon, que, quand on se fust humilié à elle pour rechercher pardon et sa grâce, elle remettoit et pardonnoit tout, à la mode de la générosité du lion qui jamais ne faict mal à celluy qui s'humilie.

Je me souviens que, lorsque M. le mareschal de Biron fut lieutenant de roy en Guienne, la guerre s'estant esmue, son chemin s'adressa ung jour (ou qu'il le fist à escient) prez de Nérac, où estoit pour lors le roy et la reyne de Navarre[2], il desbanda son harquebuserie pour y attaquer devant une escarmouche. Le roy de Navarre luy-mesme en personne sortist la sienne ; et, tout en pourpoint, comme ung simple capitayne adventurier, la soubstint, et si bien, qu'ayant de meilleurs harquebuziers, il n'y alla rien du sien. Et, pour plus de bravade, M. le mareschal fist lascher quelques vollées de canon contre la ville ; de sorte que la reyne, qu'y estoit accourue et mise sur les murailles pour en veoir le passe-temps, faillist à en avoir sa part ; car une balle vint droit donner tout auprez d'elle : ce qui l'irrita beaucoup, tant pour le peu de respect que M. le mareschal luy avoit porté de la venir braver en sa place, que parce que il avoit heu du roy commandement de ne s'apro-

---

1. En 1575. De Thou accuse formellement Marguerite d'avoir fait assassiner du Gua.

2. En 1580. Voyez de Thou, liv. LXXII.

cher quoyque fust, pour faire la guerre, de plus près de cinq lieues à la ronde du lieu où seroit la reyne de Navarre; ce qu'il n'observa pour ce coup, dont elle en conceut une telle collère contre le mareschal, qu'elle songea fort de s'en ressentir et s'en venger.

Au bout d'un an et demy après, elle s'en vint à la court, où estoit le mareschal, que le roy avoit appellé à soy de la Guienne, de peur de nouveau remuement; car le roy de Navarre menassoit de remuer s'il ne l'ostoit de là. La reyne de Navarre, se ressentant dudict mareschal, n'en fist cas en façon du monde, mais le desdaigna fort, parlant partout fort mal de luy, et de l'injure qu'il luy avoit faicte. Enfin M. le mareschal, redoubtant la fureur et la hayne de la fille et sœur des roys ses maistres, et congnoissant le naturel de ceste princesse, songea de la faire rechercher et sa grâce, et y faire ses excuses et s'i humillier; à quoy, comme généreuse, elle n'y contredist aucunement, et le prist en grâce et amityé, et oublia le passé. Sur quoy je sçay un gentilhomme de par le monde [1], qui, venant [d'] arriver à la court, et voyant la chère que faisoit ladicte reyne à mondict sieur mareschal, en fut fort estonné; et, d'autant qu'il avoist cest honneur d'estre ouy quelques fois de la reyne en ses parolles, il luy dist qu'il s'estonnoit fort de ce changement et de ceste bonne chère, et qu'il ne l'heust jà creu, veu l'offence et l'injure receue : mais elle fist responce que, d'autant qu'il avoit recogneu sa faute et faict ses excuses, et recherché sa grâce par humilité, qu'elle luy avoit octroyée

---

1. Probablement Brantôme.

de ceste façon, non pas s'il se fût mis et continué sur sa bravade de Nérac. Voylà comme ceste bonne princesse est peu vindicative, n'ayant pas en cella immité son aieulle la reyne Anne envers le mareschal de Gyé, comme j'ay dict cy-davant[1].

J'allèguerois forces autres pareilz exemples de sa bonté en ses réconciliations et pardonnances.

Rebours[2], une de ses filles, qui mourut à Chenonceaux, luy avoit faict quelque grand desplaisir : elle ne luy en fist plus cruel traittement; et, venant à estre fort mallade, la visita ; et ainsin qu'elle vouleust rendre l'âme, elle l'admonesta, et puis dist : « Ceste « pauvre fille endure beaucoup, mais aussi elle a bien « faict du mal. Dieu luy pardoint comme je luy par- « donne ! » Voylà la vengeance et le mal qu'elle luy fist ; voyllà aussi comme ceste grand' reyne a esté, par sa générosité, fort lente en ses vengeances, et ha estée toute bonne.

Aussi ce grand roy de Naples, Alfonse[3], qui estoyt subtil à aymer les beautés des dames, il disoyt que la beauté est la signifiance de la bonté et des douces et bonnes meurs, comme la belle fleur l'est d'un bon fruict. Et, pour ce, ne faut douter que si nostre reyne ne fust estée composée de sa grand' beauté, ains de toute laydeur, qu'elle ne fust estée très-mauvayse, veu les grands subjets qu'on luy en ha donné[4].

---

1. Voyez tome VII, p. 310-311.
2. Elle était fille de Guillaume de Rebours, président au Parlement, et fut maîtresse d'Henri IV en 1579.
3. Alfonse V d'Aragon et Alfonse I<sup>er</sup> de Naples.
4. Les neuf lignes qui précèdent ont été rajoutées en marge par Brantôme.

Aussi, comme disoit la feue reyne Yzabel de Castille, sage, vertueuze, et très-catholique princesse : *Que el fruto de la clemencia en una reyna de gran beldad, y de animo grande, y codiciosa de verdadera honra, sin duda es mas dulce que qualquiera vengança, aunque sea emprendida con justo titulo :* « Le fruict de la clémence en une reyne de beauté, « de grand cœur, et convoiteuse d'honneur, est « plus doux que quelque vengeance que ce soit, « encore qu'elle soit entreprise par juste raison et « tiltre. »

Ceste reyne a bien observé sainctement ceste reigle, pour se vouloir conformer aux commandements de son Dieu, qu'elle a tousjours aymé, craint et servy dévottement. Ores que le monde l'a abandonnée et luy faict la guerre, elle a pris son recours seul à Dieu, qu'elle sert ordinairement tous les jours, et fort dévottement, ainsin que j'ay ouy dire à ceux qui l'ont veue en son affliction; car jamais elle ne pert ses messes, et fort souvant faict ses pasques, et list fort en l'Escriture saincte, y trouvant son repos et sa consollation.

Elle est fort curieuse de recouvrer tous les beaux livres nouveaux qui se composent, tant en lettres sainctes qu'humaynes; et, quand elle a entrepris à lire ung livre, tant grand et long soit-il, elle ne laisse ny s'arreste jamais, jusqu'à ce qu'elle en ayt veu la fin, et bien souvant en pert le manger et le dormir. Elle-mesme compose fort, tant en prose qu'en vers. Sur quoy ne faut penser autrement que ses compositions ne soyent très-belles, doctes et plaisantes, car elle en sçait bien l'art; et si on les pouvoit veoir en lumière, le monde en tireroit ung grand plaisir et proffict.

Elle fait souvant quelques vers et stances très-belles[1], qu'elle faict chanter (et mesmes qu'elle chante, car elle a la voix belle et agréable, l'entremeslant aveq le luth qu'elle touche bien gentiment) à de petits enfans chantres qu'elle a; et par ainsin elle passe son temps et coule ses infortunées journées, sans offancer personne, vivant en la vie tranquille qu'elle a choisi pour la meilleure.

Elle m'a faict cest honneur de m'escripre en son adversité assez souvant, ayant esté si présumptueux d'avoir envoyé sçavoir de ses nouvelles. Mais quoy! elle estoit fille et sœur de mes roys, et[2] pour ce je vouloys sçavoyr de sa santé, dont j'en estoys bien ayse et heureux quand je la sçavoys bonne. En la première elle m'escript ainsin :

« Par la souvenance que vous avez de moy, qui m'a esté non moins nouvelle que agréable, je cognois que vous avez bien conservé l'affection qu'avez toujours heue à nostre maison, à si peu qui reste d'un si misérable naufrage, qui, en quelque estat qu'il puisse estre, sera tousjours disposé

---

1. Le *Divorce satyrique*, ce violent pamphlet qui est moins loin de la vérité que le panégyrique enthousiaste de Brantôme, cite de Marguerite les quatre premiers vers d'une chanson composée à Usson, dit l'auteur (d'Aubigné), pour l'un de ses amants, Pominy, fils d'un chaudronnier d'Auvergne. Voici ces vers :

> A ces bois, ces prez et ces antres
> Offrons les vœux, les pleurs, les sons,
> La plume, les yeux, les chansons
> D'un poëte, d'un amant, d'un chantre.

2. Les deux lignes qui suivent ont été ajoutées par Brantôme.

de vous servir, me sentant bien heureuse que la fortune n'ayt peu effacer mon nom de la mémoyre de mes plus anciens amis, comme vous estes. J'ay sceu que, comme moy, vous avez choisi la vie tranquille, à laquelle j'estime heureux qui s'i peut maintenir; comme Dieu m'en a faict la grâce despuis cinq ans, m'ayant logée en ung arche de salut où les orages de ces troubles ne peuvent, Dieu mercy! me nuyre; à laquelle, s'il me reste quelque moyen de pouvoir servir à mes amys, et à vous particulièrement, vous m'y trouverez entièrement disposée et accompaignée d'une bonne vollonté. »

Voylà de beaux motz, et voilà aussi l'estat et la belle résolution de ceste belle princesse. Que c'est que d'estre extraicte d'une si noble maison, et de la plus grande du monde, d'où elle a tiré ce grand courage par succession et héritage de tant de braves et vaillans roys ses père, grand-père, ayeulx et ancestres! Et qu'il faille, comme elle dist, que d'un si grand naufrage elle soit seulle restée, et non pourtant recongneüe et révérée comme elle debvroit de son peuple! dont je crois que le peuple de France en pâtist beaucoup en ses misères pour ce seul subject, et en pâtira de ceste guerre de la Ligue. (Mays[1] cecy manque[2] aujourd'uy : car, par la valeur, et sagesse et beau règlement de nostre roy, jamays la France ne fust plus fleurissante, ny pacifique, ny mieux réglée; qu'est le plus grand myracle qu'on vist jamays, estant sortye d'un si grand abisme de

---

1. Ce qui suit jusqu'à : *O que les Romains*, a été rajouté en marge par Brantôme.
2. *Manque*, c'est-à-dire n'est plus vrai.

maux et corruptions; en quoy paroist bien que Dieu ayme nostre roy : aussi est-il tout bon et miséricordieux. O! qu'il est mal conseillé, qui se fie en l'amour du peuple d'aujourd'huy!) O! que les Romains recongneurent bien autrement la postérité d'Auguste Cæzar, de qui ilz avoyent receuz tant de biens et de grandeurs, et le peuple françois, qui en a tant receu de ses derniers roys despuis cent ans, et mesmes du roy François I$^{er}$ et roy Henry, que sans eux il y a long-temps que la France seroit bouleversée sans dessus dessoubz par ses ennemys qui la guettoient pour lors, et mesmes l'empereur Charles, cest affamé et ambitieux. Et qu'il faille qu'ilz en soient si ingratz, ces peuples, à l'endroict de leur fille Marguerite, seule et unique princesse de France! Il est aisé d'en prévoir une ire de Dieu sur eux, puisque rien n'est tant à luy odieux[1] que l'ingratitude, et mesmes à l'endroit des roys et reynes, qui tiennent icy bas la place et représentation de Dieu. Et toy, desloyalle fortune, que tu monstres bien qu'il n'y a personne tant aymée du ciel, et favorisée de nature, qui se puisse promettre asseurance de toy et de ton estat pour ung seul jour! Si n'as-tu pas grand honneur d'offancer ainsin cruellement celle qui est en tout parfaicte de beauté, douceur, vertu, magnanimité et de bonté en ce monde[2]?

Pour fayre fin, si je n'avois à parler de ceste nostre grande reyne ailleurs, et en autres discours, j'allon-

---

1. Le ms. portait d'abord : Il est aisé d'en prévoir la ruyne totalle, puisqu'à Dieu rien n'est tant odieux....

2. Brantôme a rajouté en marge : Tout cecy j'escrivois aux plus fortes guerres des nostres qu'avons heu despuis dix ans.

gerois cettuy-cy le plus que je pourrois, car d'ung si excellent subject les longues parolles ne sont jamais ennuieuses; mais je les remettray pour ce coup en ung autre part.

Cependant vivez, princesse, vivez en despit de la fortune. Vous ne serez jamais autre qu'immortelle, et en la terre et au ciel, où voz belles vertuz vous porteront sur leur testes. Si la voix ou renommée publique n'eust faict ung bandon général de voz louanges et grands mérites, ou que je fusse de ces bien disans, je me mettrois à en dire davantage; car, si jamais fut veue du monde personne en figure céleste, certes vous l'estes.

FIN.

Celle qui nous debvoit à bon droit ordonner
Ses loix et ses édictz, et par sus nous regner,
Qu'on verroit dessoubz elle ung règne de plaisance,
Tel qu'il fut soubz son père, astre heureux de la France;
Fortune l'en empesche. Hé! faut-il qu'un bon droict
Injustement perdu par la fortune soit[1]!

---

1. A la première page du ms. 3270, qui contient le *Discours* suivant sur les filles de la maison de France, on lit ce quatrain qui concerne évidemment la reine Marguerite et qui nous paraît être de Brantôme, comme les vers précédents :

*Quatrain pour elle-mesme.*

Jamais rien de si beau Nature n'a peu faire
Que ceste grand' princesse, unique de la France.
Et Fortune la veut totallement deffaire!
Voylà comme le mal aveq' le bien ballance.

# DISCOURS

SUR

## MESDAMES, FILLES DE LA NOBLE MAISON DE FRANCE [1].

C'est une chose que j'ay veu noter à de grandes personnes, tant hommes que dames de la court, que coustumièrement les filles de la maison de France sont estées et sont fort bonnes ou spirituelles, ou gracieuses, ou généreuses, et du tout bien accomplies; et, pour confirmer leur dire, ne allèguoyent celles qui avoient estées du vieux temps ny les antiques, mais seullement celles dont elles avoient heu cognoissance, et qu'elles en avoyent ouy parler à leurs pères et ayeulz qui avoient estez à la court.

Or entre autres, et pour la première, elles allèguoient madame Yolant de France, femme au duc de Savoye et prince de Piedmont.

*Madame Yolant de France* [2].

Elle fust une très-habille et bien sœur de frère, le roy Louys XIe. Elle pencha ung peu du party du duc Charles de Bourgongne, qui estoit son beau-frère pour avoir espousé sa sœur aisnée Catherine [3], qui ne

---

1. Nous donnons le texte de ce *Discours*, d'après le ms. 3270 du fonds français (*olim* Béthune 8773) qui contient des corrections autographes de Brantôme.

2. Yolande, fille de Charles VII et de Marie d'Anjou, mariée en 1452 à Amédée IX, duc de Savoie, morte le 29 août 1478.

3. Catherine, première femme de Charles le Téméraire, qui n'était que comte de Charolais quand il l'épousa.

vesquit guières aprez avoyr espousé son mary, et pour ce ne pust longtemps ses vertus fayre valoyr ny parestre. Voyant donq', Yoland, tant prospérer et tant estre redoutté ce duc Charles, et qu'il estoit son voisin, elle fist ce qu'elle peut pour l'entretenir en son amitié, qui luy servoit beaucoup aux affaires de son estat. Puis, luy venant à mourir, le roy Louys XIe s'en vint ruer sur sa grandeur, sur ses despens[1] et sur ceux de Savoye ; mais madame la duchesse, habille dame, trouva moyen de gaigner le roy son frère et le venir trouver au Plaissis-les-Tours[2], pour establir ses affaires ; où estant arrivée, le roy alla au devant d'elle jusques à la basse court pour la recueillir ; et, en la salluant, la baisant et l'accolant, moittié en riant, moittié en la piccottant, il luy dist : « Madame la Bourguignonne, vous soyez la très-bien « venue. » Elle, en luy faisant une grande révérance, luy dist : « Monsieur, je ne suis point Bour- « guignonne ; vous me pardonnerez, s'il vous plaist. « Je suis fort bonne françoise et vostre très-humble « servante. » Le roy la prist soubz le bras et la mena en sa chambre aveq' ung fort bon recueil ; mais elle qui estoit fine, et qui congnoissoit bien l'humeur du roy son frère, songea à ne demeurer guières aveques luy, ains seullement à faire ses affaires le plus tost qu'elle pourroit, et s'en aller.

Le roy, de l'austre costé, qui cognoissoit la dame,

---

1. *Despens*, dépendances, possessions.
2. En 1476. Marguerite était tombée au pouvoir de Charles le Téméraire, qui lui rendit la liberté sur les réclamations de son frère Louis XI, avec lequel elle vint passer quelques jours au Plessis-lez-Tours.

ne la pressoit point autrement de long séjour; et si l'un se faschoit de l'une, l'autre se faschoit de l'autre : parquoy, sans n'y avoir demeuré que huict jours, elle s'en retorna en sa duché, ung peu assez contante du roy son frère.

Philippes de Commines en faict ce discours plus au long[1]; mais les anciens d'allors disoient qu'ilz trouvoient ceste princesse une fort habille femelle, et qui ne debvoit rien au roy son frère, et qui[2] la brocardoit souvant de ce party bourguignon; mais elle se reviroit pourtant le plus doucement et modestement qu'elle pouvoit, de peur de l'offencer, et qui sçavoit aussi bien ou mieux dissimuler que le roy son frère, et qu'elle estoit cent fois plus fine que luy, tant à sa mine qu'à ses parolles et façons, mais pourtant très-bonne et très-saige.

<small>Madame Jehanne de France[3].</small> Jehanne de France, fille dudict roy Louis XI<sup>e</sup>, fut bien spirituelle, mais si bonne, qu'après sa mort on la tenoit comme saincte, et quasi faisant miracles, à cause de la saincteté de vie qu'elle mena, après que le roy son mary, Louis XII<sup>e</sup>, l'eust répudiée, et qu'elle se fut retirée à Bourges, qui luy avoit esté donné pour son douayre et pour sa vie durant, où tout son exercice fut de vacquer aux prières et oraisons, ser-

---

1. Voyez Commines, liv. V, ch. IV.
2. *Qui* se rapporte à Louis XI.
3. Jeanne, fille de Louis XI et de Charlotte de Savoie, épousa (1476) Louis, duc d'Orléans, qui, monté sur le trône (1498), fit déclarer nul son mariage par Alexandre VI. Jeanne, créée duchesse de Berry, se retira à Bourges, où elle fonda l'ordre des Annonciades, et mourut le 5 février 1505. Elle fut béatifiée en 1743.

vir Dieu et ses pauvres, sans bailler aucun signe autrement du tort qu'on luy avoit faict de ceste répudiation. Mais le roy protesta de l'avoir espousée par force, craignant l'indignation du roy Louis XI$^e$ son père, qui estoit ung maistre homme, et qu'il ne l'avoit jamais cogneue ny touchée, encor' qu'ilz eussent assez longtemps estez mariez et couchez ensemble. Mais pourtant cella passa ainsin : en quoy ceste princesse se monstra très-sage; et n'en fist la responce de Richarde, fille d'Escosse, femme du roy de France Charles le Gros[1], lorsque son mary la répudia, affermant par serments et juremens ne l'avoir congneue ny touchée. « Or cella va bien, dist-elle, puisque par « le sermant de mon mary je suis demeurée encores « vierge et pucelle. » Par ces parolles, ceste reyne se mocquoit bien du serment de son mary et de son pucellage. C'est[2] à douter aussy si ledit roy Louys, ayant couché tant de foys aveq sa fame, durant le roy Louys son père et le roy Charles son frère, s'il ne la toucha pas, et s'il eust osé dyre autrement à son père et frère : encor bien heureux estoyt-il de s'en vanter, et de l'avoyr très-bien despucelée, autrement il luy en fust mal allé. Mays, aprez la mort

---

1. En 887, Charles le Gros, à la diète de Kirkheim, accusa publiquement son archichancelier Luitward d'adultère avec Richarde, et protesta en même temps n'avoir jamais connu charnellement sa femme, bien que marié depuis dix ans. « Elle, de son côté, disent les *Annales de Metz*, se déclara impollue de toute approche charnelle, non-seulement avec lui, mais avec un autre homme, et se glorifia d'une virginité sans atteinte. »

2. Ce qui suit jusqu'à la fin de l'alinéa a été rajouté en marge par Brantôme.

du père et frère, il nya tout, et prist sur ce le subjet pour n'y avoyr touché, affin d'espouser ceste belle reyne veufve. Ainsin que rien n'est impossible à un grand roy[1]. Possible aussi, que sçayt-on? que sa fame s'en fust plainte au roy son père ou au roy son frère, ou bien à d'autres tant hommes que fames, ou bien elle estoyt en cela par trop sage et continante; ce qui est incroyable.

Nous avons bien Jehanne d'Albret, reyne de Navarre, qui, en premières nopces, espousa le duc de Clèves à Chastelleraut[2]; mais elle estoit petite, n'ayant que douze ou treize ans; et le mariage s'en rompist, d'autant qu'encor' qu'il ne fust consummé, et encor' eust couché aveq' elle, il ne la toucha ny congneust jamais pour la tendresse de son aage; encor que le roy de Navarre[3], avant l'espouser, en fust en quelque sobçon ou doubte, et en pria madame la senéchalle de Poictou, ma grand'mère, de ne luy en celler la vérité, d'autant qu'elle le sçavoit, très-bien; car elle estoit pour lors dame d'honneur de la reyne de Navarre[4], mère de la fille. Mais madicte grand'-mère luy jura et asseura qu'elle estoit infante et vierge pucelle, aussi bien qu'alors qu'elle nasquit; à quoy adjousta foy M. de Vandosme, et l'en espousa de meilleur cœur : dont il ne debvoit faire difficulté sans s'enquérir autrement; car la fille estoit si tendre, qu'il luy estoit impossible d'en suporter le faix.

1. Brantôme avait d'abord mis : Ainsin rien n'est impossible à un roy, et fait tout ce qu'il veut, et tout luy est permis.
2. Guillaume de Clèves, le 13 juillet 1541.
3. Antoine de Bourbon, duc de Vendôme.
4. Marguerite d'Angoulême.

Mais, en des femmes aagées et qui ont couchez et dormy longuement aveq' leurs marits, et continuellement, certes telz sermentz sont fort escabreux et ung peu incrédules, si ce n'estoit qu'ils fussent du chapitre *de frigidis et maleficiatis*, comme il y en a forces, ou qu'ilz le facent pour quelque saincte dévotion, ou bon veu, ainsin qu'on list d'un roy, Alfonce d'Arragon[1] lequel, ayant espousé une fort belle dame et demeuré longtemps aveq' elle, ne la congneut jamais, et le jura et protesta ainsin ; dont les uns ont escript que c'estoit pour saincteté et pour mieux sauver son ame, comme si le mariage en aportoit la dampnation ! D'autres disent qu'il estoit inhabille, ce qui est le plus vraysemblable, ainsin qu'il s'en trouve forces hommes, mais point de femmes, desquelles il ne s'en trouve aucunes dans ledict chapitre des froides, ny des refusantes et qui s'en abstiennent : j'entends celles qui sont du monde et mariées, et, comme les autres, requises et bien pourchassées et sollicitées ; si ce n'est la reyne Edilfrude[2], reyne d'Angleterre, laquelle on list et dict-on avoir esté mariée par trois fois, et pourtant demeura tousjours vierge, et mise au cathalogue des sainctes. Cest article, scelon aucuns, est bien incroyable, si ce n'est qu'elle eust encontré des ænucques pour maris, ou inhabillés, et qu'elle l'eust faict exprez.

---

1. Brantôme veut peut-être parler d'Alfonse II, roi d'Aragon, mort en 1196, qui fut séparé de sa première femme Mafalde dont il n'avait point eu d'enfant.

2. Ædilthryda, femme du roi Ecgfrid. Voyez Bède, *Hist. eccles.*, liv. IV, chap. XIX, dans les *Monumenta historica britannica*, tome I, p. 229.

Il se trouve bien plusieurs femmes qui rencontrent des marys inhabilles et impotens, et ausquelz on a noué l'aiguillette. Nous en avons veu un' infinité despuis vingt ans, en France et ailleurs, que ce meschant usage de nouement est venu; mais au diable l'une seule qui l'ayt voulu cacher, mais dans la huictayne le réveller aussitost, et en prendre acte, et en faire les hauts cris. Nous avons veu pourtant une fort honneste et belle dame en Piedmont, nommée madame de Montjouan[1], fille à madame la contesse de Pancallier, sœur de M. de Raitz, laquelle endura l'espace de dix ans l'inhabilité et impotence de son mary, attandant tousjours la bonne heure qu'il se remist, et n'en sonna jamais mot, mais se tint coye tousjours en son pucellage, jusques à ce que, ne le pouvant plus tenir à cause des aiguillons de la chair qui la picquoient à toute heure et ne pouvoient plus attandre, car elle estoit des belles du Piedmont, elle révella tout, en fist ses plainctes et fist divorce; et se remarya après à M. d'Araconis, grand et honneste seigneur dudict Piedmont, et fort favory de son Altezze, et qui gouvernoit tout.

Telz mariages, certes, sont dissolvables pour ces incapacitez; mais il ne se peut croyre qu'un homme bien puissant, ayant couché quelques années aveq sa femme, aille dire puis amprès qu'il ne l'a point touchée, et en jurer. Telz sermens, certes, sont fort frauduleux et supectz à la créance. J'aymerois autant

---

1. Isabelle Grillet, fille du premier mariage de Marie de Gondi avec Nicolas Grillet, seigneur de Pomiers et de Bassey. Elle épousa en secondes noces Bernardin de Savoje, seigneur de Cavour, comte de Raconis et de Pancalier.

croyre qu'un' infinité de belles femmes, qui aux assauts des villes ont passé par les picques des soldatz qui les ont prises, sont chastes et intactes, et[1] veulent contrefayre les pucelles de Marolles. Ce sont abus : comme je congnois deux grandes dames huguenottes, lesquelles, au massacre de la Sainct-Barthélemy, souffrirent la charge de quelques uns que je sçay bien; car tout estoit allors à l'abandon; qui faisoit le pis estoit le plus gallant et mieux venu; et puis elles faisoyent des prudes et effrontées, et juroient et protestoient que plustost mourir que l'avoir enduré, et qu'il n'en estoit rien. Là dessus fiez-vous sur leur sermant. Elles[2] ont raison; car pourquoy l'advoueroient-elles? Il leur suffist du souvenir du playsyr.

Nous avons ung conte pareil, qui me fut faict en la ville de Fondy auprès de Naples, et qui est tout commun de part dellà, vray et frays encor[2], de la segnora Livia Gonzaga, qui avoit espousé en son temps Ascanio Collumne, filz de ce brave Prospero Collumne[3]. Elle fut estimée de son temps la plus belle femme de toute l'Italie, et de telle sorte, dis-je, estimée, que sa beauté vola jusques en Levant (j'en ay veu le pourtraict en femme veufve, plusieurs fois, qui le confirme ainsin) et en Constantinople; dont Ariadan Barberousse, lorsqu'il eust le baston de général de l'armée de mer du Grand-Seigneur, la pre-

1. Ce membre de phrase a été rajouté en marge par Brantôme. Le dicton des *pucelles de Marolles* était fort usité au seizième siècle. Je n'ai pu en découvrir l'origine.
2. La fin de l'alinéa a été rajoutée en marge par Brantôme.
3. Cette anecdote est tirée du livre XXXIII de Paul Jove, qui appelle l'héroïne Julia et non Livia.

mière fois, avecq' une grande sollempnelle pompe
(comme il est escript) ayant passé par le Far de Messine et costoié la Callabre, et y faict de grands ravages, et vers Naples, fist entreprise sur la ville de
Fondy, et arriva de nuict, et si à propos et si à
l'improviste qu'ayant mis deux mille Turcz en terre,
prindrent la ville d'assaut et d'escalade, donnèrent au chasteau où estoit ladite Lyvia Gonzagua
endormie et couchée en son lict : laquelle, oyant
l'alarme, fut tellement surprise, qu'elle se leva en
sursault, et tout le loysir qu'elle eust ce fut se jetter
en chemise par une fenestre, et se sauver par les
montaignes, si à propos que les Turcs entrarent en
sa chambre ainsin qu'elle n'estoit que quasi sortie.
On dist que Barberousse en vouloit faire un présent
au Grand-Seigneur, et que ladicte entreprise ne fut
faitte que pour cella; et quand il sceut qu'elle avoit
estée faillie, il s'en cuida désespérer; mais le malheur de la dame fut que, tumbant de Sille en
Caribde, vint à tumber en se sauvant parmy des bandolliers et fortuscys[1] du royaume; laquelle fut recongneue d'aucuns, et d'autres non. Je vous laisse
donq à penser si ung bon et friant bouccon, tumbé
entre les mains et puissance de ces affamés, ne fut pas
gousté et tasté à bon escient, ainsin que plusieurs
n'en doubtent point, d'autres si. Mais, quelque serment et exécration qu'elle peust fayre, n'en peut
estre crue; car vollontiers une si belle et bonne
viande ne sçauroit eschapper impolue de telles gens.
Les plus clers-voyans, et qui s'entendent en ces cho-

---

1. *Fortuscis* pour *foruscis*, proscrits; de l'italien *forusciti*.

ses, et qui en ont tasté, m'en sçauroyent bien que dire, et qu'aucuns du pays le disent.

Par ainsin, voylà comme et hommes et femmes se dampnent aisément par leur serments ; mesmes[1] que les plus belles reynes et princesses, quant elles tomberoyent en telz hazards, ne seroyent espargnées non plus que les autres, puysqu'une grand' beauté ne porte aucune règle ny sauvegarde aveq soy, qu'elle ne soyt partout de pryse, et que l'amour en cela n'use de son droit et authorité sans aucun respect. Au partyr de là, sont quites à dyre et jurer que leur grandeur a fait perdre l'hardiesse à ceux qui l'ont voulu entreprendre ; et Dieu sçayt !

Il en arriva de mesmes à la reyne de Scicile Constance, laquelle trajetant de Barlete à Salerne, tomba entre les mains de quelques corsayres et brigans qui luy firent de grands outrages, dit l'Hystoyre de Naples[2]. Pensez qu'ilz la repasserent sous le ventre, et partout, comme on dit ; car à telles gens tous c... sont c..., mesmes quant ilz sont royaux, voyre à tout le monde ; car ce sont viandes royales et très-exquises, autant pour les friands que pour les sobres, bien que ceste reyne ne fust des belles ny des jeunes.

Je sçay une grand' dame et ung gentilhomme qui s'estoient mariez et couchez ensemble, ce disoit-on.

---

1. Tout ce qui suit jusqu'à la fin de l'alinea a été rajouté en marge par Brantôme.

2. Costanza andado de Gaeta a Salerno, uscita appena delle mani d'alcuni malandrini, che a Cuma le fecero molti oltraggi.... (Collenuccio, 1583, f° 75 v°). Il s'agit de Constance, femme de l'empereur Henri VI. Le fait se passa en 1194.

Enfin la dame s'en faschant parce qu'il n'estoit assez riche pour elle, et qu'elle en voulloit ung autre qu'elle heust après, riche et grand seigneur, le gentilhomme pourtant la mist en procès, qui vint en la notice¹ du grand roy François, qui le fist venir à luy, et luy conter leur particularitez. Le gentilhomme asseuroit de son costé les siennes, et entre autres allégua les plus seccretes qui estoient soubz sa chemise, et qu'elle avoit telz siz² et telles marques sur sa nature et à l'entour, et aux cuisses, bref par tout le corps nud; et demandoit qu'on la visitast pour voir si on ne les y trouverroit pas. Sur ce furent femmes députtées commissayres pour faire la visitation, qui fut trouvée semblable au dire de l'autre; mais pourtant la dame ayant nié fort et ferme que pour cela il ne s'ensuyvoit qu'il fût venu jusques au criminel et au centre, mais senty et cogneu seullement quelques légières privautez et mignardises; enfin, d'autant qu'elle avoit de la faveur à la court, fut remise au serment qui fut faict sollempnellement à Nostre-Dame de Paris sur le grand autel; et, recepvant le corps de Nostre-Seigneur, tous deux ensemble, sur la damnation de leurs âmes, firent et l'un et l'autre leur sermens tous contrayres : l'homme fut débouté, et la dame crue et receue au sien; et, par ainsin du despuis chacun print son party, et se pourveurent ailleurs où ilz peurent : mais pourtant ilz ne sont estez heureux en lignée; car et de l'un et de l'autre elle n'est jamais venue en perfection, et n'en ont heu

---

1. *Notice*, connaissance.
2. *Siz*, signes. Le ms. porte par erreur *fiz*.

guières de plaisir : et voylà commant Dieu les punist et tant d'autres qu'ilz sont de ces parjures.

J'ay[1] ouy conter d'une dame de la court du grand roy François, de laquelle un très-grand prince devenu fort amoureux, bien souvant (fust ou pour sa grandeur qu'elle n'osoit contredire, ou plustost pour la privauté qu'elle luy permettoit facilement, autant amoureuse de luy que luy d'elle), la venoit trouver, ou du soir ou du matin, dans son lict, tout en chemise et rien que sa robe de nuict sur luy, et privément se couchoit auprès d'elle sans aucune cérémonie. Ell' en estoit quicte pour dire : « Et bien, monsieur, que pensez-vous faire ? Vous ne me fairez rien, car j'ay les jambes et les cuysses bien croysées. Vous ne me forcerez non plus, car je crieray à l'ayde à mes femmes ; aussy que vous estes trop honneste pour l'entreprendre[2]. » Mais, pour tout cela elle ne sortoit point du lict (quelque sotte l'eust faict), fust ou de peur de se marfondre[3], ou pour endurer le doux plaisir de l'atouchement du gentil corps de ce prince près du sien, qu'il embrassoit de cueur et d'ardeur, et tastoit tant de son corps que de ses mains, et y duroit assez long-temps. Je voudrois fort sçavoir comment cela se peut apeller, après toutes ces privées façons, et si, pour nier après fort et ferme à ses femmes, un peu de là esloignées, ou à d'autres, qu'il n'estoit jamais venu à cela, si elles le

---

1. Tout cet alinéa a été rajouté en marge, mais n'est pas de la main de Brantôme

2. Il y avait ici entre parenthèses : *quelque fou l'eust fait;* mais ces mots ont été biffés.

3. *Marfondre*, morfondre.

pouvoient croire; je dis si elles estoient habilles, et sçavoient que c'est du jeu d'amour; et si elles ne croyoient pas que la comédie avoit esté jouée toute entière, sans se contenter de s'estre pourmenez à l'entour de l'eschaffaut. J'ay cogneu la dame sur son vieil aage, qui à la voir et l'ouyr parler, toutes femmes estoient putains, fors elle. Il s'en falloit[1] ce traict et plusieurs autres, car l'un amène l'autre.

J'en alléguerois une infinité d'exemples, et de femmes, et de mariées et à marier, et de filles, ainsin perjurantes et négatives[2]; mais je les remetz à ung autre traitté, craignant encores d'avoir esté trop long en ceste disgression; mais je suis excusable, d'autant qu'elle m'est venue ainsin en ma pensée et mémoyre, si que possible je l'eusse peu oublier.

Et pour retourner à nostre princesse Jehanne de France, je croy que son mary, comme j'ay ouy dyre, l'avoit fort bien congneue et vivement touchée, encor' qu'elle fust ung peu gastée du corps, car il n'estoit pas si chaste de s'en abstenir, l'ayant si près de soy, et autour de ses costez; veu son naturel, qui estoit ung peu convoiteux, et beaucoup, du plaisir de Vénus, comme ses prédécesseurs. Mais il vouloit ratraper ses premières amours, qui estoit la reyne Anne, et ceste belle duché, qui luy donnoient de grandes tentations dans l'ame : et par ce, il répudia ceste princesse : et son sermant fut creu et receu du pappe, qui en donna la dispence, receue en la Sorbonne et court de parlement de Paris. En quoy ceste

---

1. *Il s'en falloit*, il y manquait.
2. *Négatives*, niant.

princesse fut sage et vertueuse, car elle n'en fist aucun esclandre, brouhaha, ny semblant de s'ayder de justice; aussy¹ qu'ung roy peut beaucoup, et fait ce qu'il veut; mais se sentant forte de se contenir en continence et chasteté, elle se retira devers Dieu et l'espousa, tellement qu'oncques puis n'eust autre mary : meilleur n'en pouvoyt-elle avoyr.

Appres elle, fut sa sœur Anne de France², fine femme et delliée s'il en fust onq' et vray image en tout du roy Loys son père. L'élection qui fut faicte d'elle pour avoir la tutelle et administration du roy Charles son frère en faict foy, qu'elle gouverna si sagement et vertueusement que ç'a esté ung des grandz roys de France, et qui par sa valeur fut proclamé empereur de tout l'Orient, comme nous avons dict³. Quand à son estat elle l'administra aussi tout de mesmes. Vray est qu'à cause de son ambition elle le cuyda ung peu brouiller, pour la hayne qu'elle porta à M. d'Orléans⁴, despuis roy. J'ay ouy dire pourtant que, du commancement, elle luy portoit de l'affection, voire de l'amour; de sorte que, si M. d'Orléans y eust voulu entendre, y heut heu bonne part, comme je tiens de bon lieu : mais il ne s'i peut commander, d'autant qu'il la voyoit trop ambitieuse et qu'il vouloit qu'elle despendist de luy, comme premier prince et le plus proche, et non luy d'elle; ce

*Madame Anne de France⁵.*

---

1. Cette demi-phrase a été rajoutée en marge par Brantôme.
2. Anne de Beaujeu, fille de Louis XI et de Charlotte de Savoie, née vers 1462, mariée (1474) à Pierre II de Bourbon, sire de Beaujeu, morte le 14 novembre 1522.
3. Voyez, dans le tome II, l'article de Charles VIII.
4. Louis XII.

qu'elle désiroit le contrayre, car elle voulloit tenir le haut lieu et tout gouverner. L'on dit que la source de leur plus grand différant, sans que je parle des petits provenants des jalouzies d'amour et d'ambition qui arrivoyent souvant entre eux deux, fut que ledict M. d'Orléans, jouant ung jour à la paume à Paris, madicte dame de Beaujeu, le voyant jouer aveq' ses dames de sa court, scelon la coustume d'allors, vint ung coup en dispute (comme il arrive souvant), dont il s'en fallust raporter aux gens. L'on en vint demander à madame de Beaujeu. Ladicte dame jugea contre M. d'Orléans. Luy qui estoit haut à la main, et se doutant d'où venoit le jugement, commança à dire assez bas que quiconque l'avoit condampné, si c'estoit ung homme il avoit menty, et si c'estoit une femme c'estoit une putain. Aucuns[1] disent et escripvent qu'il la démantist tout haut; mais c'est une mocquerie. Je le sçay par le moyen d'une grand' dame, et aussi qu'il n'estoit vraysemblable qu'une tutrice de roy fust ainsin vilipendée publiquement. Ce qu'estant rapporté à Madame, et l'ayant ouy à demy, la luy garda bonne soubz ung beau semblant; et oncques puis ne cessa de luy succiter de telz mescontantemens, voire attantatz sur sa personne; et fut contrainct de sortir de Paris à grand' haste, et se sauver; et ce fut allors que ceux de la ville d'Orléans luy refusarent les portes; et s'en alla à Blois, et puis se retira en sauveté en Bretagne vers le duc François, où il commança à faire ses premières amours

---

1. Voyez *L'Inventaire de l'Histoire de France*, de Jean de Serres, édit. de 1620, in-8°, tome II, f° 262 v°.

aveq' madame Anne, fille du duc, qui le receut et retira si fidellement qu'il ayma mieux d'encourir le courroux du roy et la guerre que d'user d'infidélité envers son reffugié, qui fut un très-grand honneur à luy; en quoy beaucoup de gens n'ont faict de mesmes.

Pompée en sçauroit bien que dire, s'estant reffugié chez le thraistre d'Ægipte. Aussi voulut-on gaigner M. d'Orléans, pour quitter la practicque de ses confédérez; mais il ne le voulut, tant pour son honneur que congnoissant le naturel de la dame, qui estoit fort dissimulée. La guerre enfin pour tel subject fut tellement esmeue, et à la suscitation tousjours de madame de Beaujeu (comme ma grand'mère, nourrie aveq'elle, contoit, fille qu'on nommoit le Lude, et despuis senéchalle de Poictou, dame d'honneur de la feue reyne de Navarre Marguerite), qu'enfin M. d'Orléans fust pris à Sainct-Aubin-du-Cormier, et mené prisonnier à Lusignan et à Bourges, au grand contentement de sa dame ennemie; et y demeura long-temps, jusques à ce que le roy Charles VIII°, voulant faire son tant désiré voyage du royaume de Naples, pour ne laisser rien derrière soy qui peut brouiller en France, encor' qu'il fût en prison (mais ung tel prince que celluy-là, tout prisonnier qu'il estoit, pouvoit esmouvoir encor' le peuple), et aussi que le roy qui estoit tout bon prince le fist sortir, craignant que sa sœur luy fist ung mauvais tour en la prison et le fist mourir, et aussi qu'il se vouloit servir de luy en son voyage comme il fist; car il estoit ung brave et vaillant prince, ainsin qu'il le monstra en son combat de mer vers Gênes[1], qui fut cause de la totalle conqueste du royaume de Naples.

Madame Jeanne de France luy servit bien fort aussi à sa liberté (et[2] quelle bonté de fame! et là-dessus croyez si elle n'estoyt pas bien au vray sa fame et très-bien cognue), en importunant tous les jours le roy son frère (dont il en fut blasmé de mescognoissance lorsqu'il la répudia) et sa sœur, qui répugnoit[3] tant qu'elle pouvoit; car elle estoit fort vindicative, et de l'humeur en cela du roy son père, voire en tout; car elle estoit fine, trinquate, corrompue, plaine de dissimulation et grand' hypocrite, qui, pour son ambition, se masquoit et se desguisoit en toutes sortes. Dont le royaume se commanceant à se fascher de ses humeurs, encor qu'elle fut sage et vertueuse, les porta impatiemment : et lorsque le roy alla à Naples, elle ne demeura plus en tiltre de régente, mais son mary, M. de Bourbon, régent. Il est bien vray qu'elle lui faisoit faire beaucoup de choses de sa teste; car elle le gouvernoit et le sçavoit bien mener, d'autant[4] qu'il tenoit un peu de la sotte humeur, voyre beaucoup : touteffois le Conseil lui répugnoit et la conterrolloit[5]. Elle voulloit user ung peu de quelque prérogative et authorité à l'endroit de la reyne Anne; mais elle trouva bien chausseure à son pied, comme l'on dict; car la reyne Anne estoyt

1. A Rapallo.
2. Les trois lignes qui suivent ont été rajoutées en marge par Brantôme.
3. *Répugner*, faire opposition, résister.
4. Ce membre de phrase a été rajouté en marge par Brantôme.
5. Le manuscrit ajoutait les mots *ung peu* qui ont été biffés.

une fine Bretonne, comme j'ay dict, et qui estoit fort superbe et altière à l'endroict de ses esgaux ; de sorte qu'il fallust à madame de Bourbon caller et laisser à la reyne sa belle-sœur tenir son rang, et maintenir sa grandeur et majesté, comme estoit de raison : ce qui luy debvoit fort fascher ; car, estant régente, elle tenoit terriblement sa grandeur.

J'ay veu forces lettres d'elle en nostre maison, du temps qu'elle estoit en sa grandeur ; mais je n'en ay veu jamais de noz roys, et si en ay veu beaucoup, parler et escrire si bravement et impérieusement comme elle faisoit, tant envers les plus grands que les plus petitz ; et jamais ne signoit qu'*Anne de France*[1] ; quelques foys metoyt *Anne* symplement : mays le plus beau nom d'une fille de France est de metre tousjours ce beau surnom *de France*, ainsin que je tiens d'un grand qui le conseilla à madame de Savoye[2], estant jeune fille, de signer ainsin ; ce qu'elle faysoyt, car j'en ay veu d'elle force letres : et si ceste Anne ne metoyt que peu souvant *vostre*, ce qui n'apartient qu'aux roys et à quelques grands souverains et reynes et souveraines. Et encor' que tout à plain elle ne se meslast des affaires comme elle avoit faict, si vouloit-elle mettre le nez partout où elle pouvoit. Certes, c'estoit une maistresse femme, ung petit pourtant brouillonne ; car si M. d'Orléans ne fust esté pris, et que la fortune ne luy heust dict

---

1. Ce qui suit jusqu'à *ce qui n'apartient* a été rajouté en marge par Brantôme, et l'addition a remplacé ces mots : *sans mettre nullement vostre.*

2. Marguerite, fille de François I*er*, duchesse de Savoie.

mal, elle avoit mis la France desjà en grand bransle, et tout pour son ambition; que tant qu'elle a vescu n'a jamais peu la bannir de son ame, encor' qu'elle fût en sa maison retirée, où elle faisoit semblant pourtant de s'i plaire et faire valloir sa court, qui estoit tousjours très-belle et grande, comme disoit ma grand'mère, et estant toujours accompaignée de grand' quantité de dames et de filles qu'elle nourrissoit fort vertueusement et sagement. Il y en heust une pourtant des siennes qui luy eschappa ung jour de faire la follie aux garçons, comme telle espèce de sexe y est subject, et la garde en est très-malaisée, tant estroitte soit-elle. Elle le sceut, et luy demanda pourquoy elle avoit tumbé en une si lourde et infâme faute, bien que la bonne dame ne fust exempte d'amour [1]. Ceste fille ainsin criminelle lui respondist que l'autre luy avoit faict par force. Elle luy fist la comparaison d'une espée desgainée, qui ne se peut jamais non plus qu'un autre anguaisner, si le fourreau se remue deçà et delà, et ne demeure ferme; ainsin est-il d'une femme en cella; et luy en fist monstrer l'expérience de l'espée devant elle et toutes les dames et filles, qu'il luy servist et à elles de leçon [2]. Elle avoit aussi ung commun dire à la bou-

---

1. Cette dernière ligne a été ajoutée en marge par Brantôme et elle était suivie de la phrase suivante que Brantôme a biffée : Tesmoing sa .... (mot illisible) fame de chambre, dite Colete, qu'elle fist fort riche pour les bons offices de Dariolette faitz par elle. Dont je sçays une bonne mayson riche pour avoyr estée mariée léans. — Dariolette est une entremetteuse dans l'*Amadis* (liv. I<sup>er</sup>, chap. 1).

2. Cette anecdote est tirée (f° XLIX v°) d'un livre fort rare in-

che, quand on luy parloit de quelque dame, et qu'on la luy louoit et luy disoit-on que c'estoit une très-sage dame : « Dittes donq, disoit-elle, elle est des « moings folles, et non pas très-sage ; car guières n'y « en a-il ni qui, ou jeune ou en aage mûr, n'ayt « aymé, ou ne soit entrée en tentation ; mais les « unes moins et les autres plus. »

Si a-elle faict de très-belles nourritures, ainsin que je tiens de ma grand'mère ; et n'y a guières heu dames et filles de grand' maison de son temps qui n'ayt appris leçon d'elle, estant alors la maison de Bourbon l'une des grandes et splendides de la chrestienté. Aussi c'estoit elle qui la faisoit valoir ; car encorés qu'elle fust opulante en grands biens et richesses de soy, elle, ayant bien faict sa main en sa régence, y en aporta davantage ; si bien que tout y servoit à faire reluyre ceste maison. Outre qu'elle estoit splendide et magnifique de sa nature, et qu'elle ne vouloit en rien diminuer de sa grandeur première, elle avoit bien aussi de grandes bontez à l'endroict des personnes qu'elle aymoit et prenoit en sa main[1]. Pour fin, ceste Anne de France a esté fort spirituelle et assez bonne. J'en ay assez dict.

---

titulé : *Les Facéties et motz subtilz d'aucuns excellens espritz et très nobles seigneurs* ; en françois et italien. A Lyon, imprimé par Robert Granfoy. Mil v<sup>c</sup> LIX, in-8°. Brantôme a fait à ce petit ouvrage plusieurs autres emprunts que nous signalerons ailleurs.

1. En marge Brantôme a rajouté cette phrase analogue à celle que nous avons donnée plus haut (note 1 de la p. 104) et qu'il a biffée aussi : « Et mesmes à l'endroict de ses fames de chambre jusques à une, dont la mayson qu'ell' a fayt.... (mot illisible), fait bien

Madame Claude de France[1].

Il faut parler de madame Claude de France, qui fut très-bonne et très-charitable, et fort douce à tout le monde, et ne fist jamais desplaisir ny mal à aucun de sa court ny de son royaume. Elle fut aussi fort aymée du roy Louys et de la reyne Anne, ses père et mère; et estoit leur bonne fille et la bien aymée, comme ilz luy monstrarent bien; car, amprès que le roy fut paisible duc de Milan, ilz la firent déclarer et proclamer en sa court de parlement de Paris, à huis ouvers, duchesse des deux plus belles duchez de la chrestienté, qui estoient Milan et Bretaigne, l'une venant du père et l'autre de la mère. Quelle héritière! s'il vous plaît. Ces deux duchez joinctes ensemble eussent bien faict ung beau royaume.

La reyne sa mère la vouloit fort marier à Charles d'Autriche, despuis empereur; et si elle eust vescu cella se fût faict, car elle s'en faisoit accroire quelques fois par dessus le roy son mary, et mesmes pour le mariage de ses filles, desquelles elle vouloit avoir la totalle charge et soucy. Jamais elle ne les appelloit autrement que par leur nom: *ma fille Claude* et *ma fille Renée*. Aujourd'huy, il faut donner des seigneuries aux filles des princesses, voyre des dames, pour

aujourduy de la glorieuse et est fort riche. Ce sont les récompenses des bons offices et services segretz que telles bonnes Dariolettes sçavent fayre à leur maistresses qu'elles reçoyvent d'elles, et tant y en ha-t-il au monde. »

1. Claude, fille de Louis XII et d'Anne de Bretagne, née le 14 octobre 1499 à Romorantin. Mariée le 18 mai 1514 à François, comte d'Angoulême, elle monta avec lui sur le trône à la mort de son père (1515), et mourut au château de Blois, le 20 juillet 1524.

les y appeller[1]. Et si elle[2] eust vescu, jamais le roy François ne l'heust espousée[3], comme j'ay dict en son discours[4]; car elle prévoyoit bien le mauvais traittement qu'elle en debvoit recepvoir, d'autant que le roy son mary luy donna la vérolle, qui luy advança ses jours. Et madame la régente, sa belle-mère, la rudoyoit fort; mais elle se fortiffioyt le plus qu'elle pouvoit de son bon esprit[5] et sa douce patience et de grand' sagesse, pour suporter ces rigueurs, ny plus ni moins qu'on list de Marguerite, fille de Raymond, comte de Provence, femme du roy sainct Louys, fort sage et prudente princesse, qui supportoit les rudesses de Blanche, sa belle-mère, qu'elle luy faisoit, par sa prudence, et les vainquoyt par sa patience. Quoy qui soit, ceste vertueuse et sage reyne produisist une très-belle et généreuse lignée au roy son mary : trois filz, François, Henry et Charles; et quatre filles, Louyse, Charlote, Magdalayne et Marguerite.

Elle fut fort aymée aussi du roy son mary, et bien traittée, et de toutte la France, et fort regrettée aprez sa mort, pour ses admirables vertus et bontez.

J'ay leu dans la *Chronique d'Anjou*[6] qu'après sa mort son corps fit miracles, si bien qu'une grand' dame des siennes, estant ung jour tourmantée d'une

---

1. C'est-à-dire pour les appeler par le titre de ces seigneuries.
2. *Si elle*, si Anne,
3. N'eut épousé Claude.
4. Voyez tome VII, p. 329-330.
5. Le ms. ajoutait ces mots que Brantôme a biffés : car elle l'avoit très bon.
6. Voyez Bourdigné, f° ccii v°.

fiebvre chaude, et s'estant vouée à elle, soudain elle recouvra sancté.

<small>Madame Renée de France[1].</small>

Madame Renée, sa sœur, a estée aussi une fort bonne et habille princesse; car elle avoit ung des bons esprits et des subtilz, qui estoit possible. Elle avoit fort estudié; et l'ay veue fort sçavante discourir fort hautement et gravement de toutes sciences, jusques à l'astrologie et la congnoissance des astres, dont je l'en vis ung jour entretenir la reyne mère, qui, l'oyant ainsin parler, dict que le plus grand philosophe du monde n'en sçauroit mieux parler.

Elle avoit estée promise à l'empereur Charles par le roy François; car elle demeura fort jeune aprez le roy et reyne ses père et mère; mais la guerre qui survint interrompist le mariage; et fut donnée à M. le duc de Ferrare, qui l'ayma fort, et la traitta honnorablement, comme fille de roy. Vray est qu'ilz furent quelque temps ung peu mal ensemble, pour la rellligion luthérienne de laquelle il la soubçonnoit. Possible[2] que se ressentist des mauvays tours que les papes avoyent fait au roy son père en tant de sortes; elle renya leur puyssance, et se sépara de leur obéyssance, ne pouvant fayre pis, estant fame. Je tiens de bon lieu qu'elle le disoyt souvant. Son mary pourtant, heu esgard à son sang illustre, la respec-

---

1. Renée de France, fille de Louis XII et d'Anne de Bretagne, née à Blois le 25 octobre 1510, épousa à Paris, le 28 juin 1538, Hercule II d'Este, duc de Ferrare, fils du duc Alfonse et de Lucrèce Borgia, et mourut à Montargis le 12 juin 1575. Elle était revenue habiter la France après la mort de son mari (1559).

2. Les cinq lignes qui suivent ont été rajoutées en marge par Brantôme.

toit toujours et l'honnoroit fort. Aussi comme la reyne Claude sa sœur, fut-elle très-heureuse en lignée, car elle en produist à son mary la plus belle qui fust, ce crois-je, jamais en Italie, encor' qu'elle fust très-gastée de son corps.

Elle eust M. le duc de Ferrare, qui est aujourd'huy ung dès beaux princes d'Ytalie, et des sages et généreux, et feu M. le cardinal d'Est, la bonté, la magnificence et la libéralité du monde, desquelz j'espère parler[1]; et trois filles, les plus belles qui jamais nasquirent en Italie : madame Anne d'Est, despuis madame de Guise, madame Lucresse, duchesse d'Urbin[2], et madame Eléonor, qui mourut sans estre mariée. Les[3] deux premières portarent le nom de leur grands mères, l'une d'Anne de Bretaigne du costé de la mère, et l'autre, du costé du père, de Lucrèce Borgia, fille du pape Alexandre, de[4] meurs fort différantes, comme de qualitez, bien que ladite madame Lucrèce fust une gentile princesse hespagnollée, douée de beaucoub de beauté et vertu. (Voyez Guicchiardin[5].) Madame Léonord porta le nom de la reyne Léonord. Ces troys filles furent très-belles, mays la mère les fist embellir davantage par la belle

1. Voyez tome III, p. 40 et suivantes.
2. Lucrèce, mariée le 19 janvier 1570 à François-Marie de la Rovère, duc d'Urbin; Léonore, morte le 19 février 1581.
3. Cette phrase et la suivante ont été rajoutées en marge.
4. Le ms. porte par erreur *deux*.
5. Si Brantôme s'était mieux souvenu de ce qu'il avait lu dans Guichardin, il n'aurait point ici invoqué son témoignage; car à propos du mariage de Lucrèce avec Alfonse d'Este, l'historien s'exprime ainsi : *Lucrezia era spuria e coperta di molte infamie.* (Liv. V, chap. III.)

nourriture qu'elle leur donna, en leur faisant aprendre les sciences et les bonnes lettres, qu'elles aprindrent et retindrent parfaictement, et en faisoient honte aux plus sçavans; de sorte que, si elles avoient beaux corps, elles avoyent l'ame autant belle. J'en parleray ailleurs. Or, si ceste princesse estoit habille, spirituelle, sage et vertueuse, elle estoit accompaignée d'autant de bontez, qu'elle estendoit si bien sur les subjectz de son mary, que je n'ay veu aucun dans Ferrare qui ne s'en contentast et n'en dist tous les biens du monde; car ilz se ressentoient surtout de sa charité qu'elle a eu tousjours en grande recommandation, et principalement sur les François : car elle ha eu cela de bon, que jamais elle n'a oublié sa nation; et, bien qu'elle en fust très-loing, elle l'a tousjours fort aymée. Jamais François, passant par Ferrare, ayant nécessité et s'adressant à elle, n'a party d'aveq' elle qu'elle ne luy donnast une ample aumosne et bon argent pour gaigner son païs et sa maison; et s'il estoit mallade, et qu'il n'eust peu cheminer, elle le faisoit traitter très songneusement, et puis luy donnoit argent pour se retirer en son païs.

J'ay ouy dire à gens qui le sçavent bien, et à une infinité de soldats et gens de guerre qui en avoient faict la bonne preuve, qu'au voyage de M. de Guise en Italie[1] elle sauva aprez son retour plus de dix mill' âmes de pauvres François, tant de gens de guerre que d'autres, qui fussent mortz de faim et de nécessité sans elle, lesquelz, passans à Ferrare, elle secouroit tous de remèdes et d'argent, à tant qu'il y en

1. En 1557.

avoit; et si avoit forces gentilshommes de bonne maison de ce nombre de nécessiteux. A d'aucuns d'eux j'ay ouy dire que jamais ne se fussent conduictz en France sans elle, tant sa charité et sa libéralité fut-elle grande envers ceux de sa nation : si bien que j'ay ouy dire à ung sien maistre d'hostel que cette passade luy costa plus de dix mill' escus. Et quand les intendans de sa maison luy en remonstroient la despence excessive, elle ne leur disoit autre chose sinon : « Que voulez-vous? ce sont pauvres « François de ma nation, et lesquelz, si Dieu m'eust « donné barbe au manton, et que je fusse homme, « seroient maintenant tous mes subjectz ; voyre me « seroient-ilz telz, si ceste meschante loy sallique ne « me tenoit trop de rigueur. »

Voylà une grand' bonté et charité de ceste princesse, qui me faict du tout ressouvenir d'une grande dame de Canouze, ville en la Pouille, qui se nommoit Birsa[1], autrement Paulina, laquelle, aprez ceste grande bataille et occision de Cannes pour les Romains, il y en heust environ dix mill' soldatz de reste de ceste grande routte, lesquelz eschapez, esperduz, esgarez et vagabondans par certains destroictz, arrivarent de nuict à Canouze, ville pour lors aliée des Romains, en laquelle ceste honneste dame pour lors estoit; et, ne s'estonnant de la fortune ensuyvie par

---

1. Busa et non Birsa. Voici le texte de Tite-Live : Mulier Apula nomine Busa, mœnibus tantum tectisque a Canusinis acceptos (Romanos) frumento, veste, viatico etiam juvit; pro qua ei munificentia postea, bello perfecto, ab senatu honores habiti sunt (liv. XXII, chap, LII). Brantôme a pris l'anecdote non dans Tite-Live, mais dans le ch. LXVIII du *De claris mulieribus* de Boccace.

la puissance du victorieux Annibal, les retira tous dans ses propres maisons, ainsin qu'ilz estoient las, pauvres, désarmés, affamés et couvertz de playes ; les fit remettre, raffraischir, reposer, revestir, nourir et guérir. Enfin, quand ilz heurent recouvert leurs forces et repris leur espérance moyennant sa piété, partant d'elle à leur vouloir, eslargist[1] à chacun d'eux de quoy faire ses despends sur leur chemin : et jamais, quelque nouvelle multitude qui en survint tous les jours, ne retira ses mains de sa libéralité, mais tousjours pourveust aux nécessitez de tous ceux qui se retiroyent : ce qui est une chose merveilleuse à dire, et beaucoup plus louable en ceste honneste dame. Nostre princesse ferrarresse en est d'autant à louer, car sans elle, pour ceste fois, le proverbe vieux se fust praticqué : que l'Itallie estoit le vray cimmetière françois, et à quantité.

Or, si la charité pour ceste fois s'est monstrée en cella, je vous puis asseurer qu'en tous les lieux qu'il a fallu elle l'ha monstré. J'ay ouy dire à aucuns de ses gens qu'estant de retour en France[2], et s'estant retirée en sa ville et maison de Montargis, quand les guerres civilles se venoient à esmouvoir, tant qu'elle a vescu elle retiroit chez elle ung infinité de peuple de ceux de la religion, qui estoient perduz et bannis de leurs biens et maisons ; elles les aidoit, secouroit et nourrissoit de tout ce qu'elle pouvoit.

J'ay bien veu, moy, aux seconds troubles, les forces de la Gascougne, conduittes par MM. de Terrides et de Montsalès, montant à huict mill' hommes, et

---

1. *Elargir*, faire largesse. — 2. En 1559.

s'acheminans vers le roy. Nous passasmes à Montargis, les chefz et principaux capitaynes et gentilzhommes. Nous luy allasmes faire la révérance, comme nostre debvoir nous le commandoit. Nous vismes dans le chasteau, je croy, plus de trois cents personnes, de la relligion, qui de toutes parts du pays s'i estoient retirez. Ung vieux maistre d'hostel qu'elle avoit, fort honneste gentilhomme, que j'avois cogneu à Ferrare et en France, me jura qu'elle nourrissoit tous les jours plus de trois cents bouches de ces pauvres personnes retirez.

Bref, ceste princesse estoit bien fille de France, vraie en bonté et charité. Elle avoit aussi le cœur fort grand et haut. Je luy ay veu en Italie et à la court, garder aussi bien son rang qu'il estoit possible : et encor qu'elle aparust n'avoir pas l'apparance extérieure tant grande, à cause de la gasture de son corps, si est-ce qu'elle en avoit beaucoup en sa majesté, monstrant bien en sa grandeur et en son visage royal, et en sa parade, qu'elle estoit bien fille de roy et de France.

J'ay ouy dire, et le tiens de bon lieu, que, lorsque le prince de Condé fut mis en prison à Orléans, du temps du petit roy François, elle arriva de Ferrare deux jours aprez, et la vis arriver. Le roy et toute la court estant allez au devant, et receue aveq' ung très-grand honneur, comme il luy apartenoit. Elle fut fort triste de ceste prison, et dict et remonstra à feu M. de Guyse, son gendre, que quicconques avoit conseillé au roy ce coup avoit failly grandement, et que ce n'estoit peu de chose de traitter un prince du sang de ceste façon.

Ce n'estoit pas M. de Guise pourtant qui avo[it] donné ce conseil, et s'en excusa fort ; car il ne tir[a] jamais raison de ses ennemis que par ses armes encor' qu'ilz ne le fussent, mais bons parans. Je sça[y] bien qui donna ce conseil. Or c'est assez parlé d[e] ceste noble princesse.

*Marguerite, reyne de Navarre[1].*

Il faut parler ung peu de Marguerite, reyne de Na[-]varre. Certainement elle ne fut point née fille du ro[y] de France, et par conséquant point fille de France ny n'en portoit aussi le nom, sinon de *Vallois* o[u] d'*Orléans* ; car, comme dit M. du Tillet en ses Mé[-]moyres[2], le surnom de *France* n'apartient qu'au[x] filles de France ; et si elles sont nées avant que leur[s] pères soient roys, elles ne prennent ce surnom qu'après leur événement à la couronne. Mais pour[-]tant ceste Marguerite, comme disoyent de grande[s] personnes d'allors, elle estoit censée comme fille d[e] France, mesmes qu'elle ne leur faisoit tort de s[e] mettre en leur rang, pour ses grandes vertus. Voilà pourquoy nous la mettrons parmi elles.

Ce fut donq' une princesse d'un très-grand esprit et fort habille, tant de son naturel que de son acqui[-]

---

1. Marguerite d'Angoulême, fille de Charles d'Orléans, comte d'Angoulême, et de Louise de Savoie, née à Angoulême le 11 avril 1492, morte à Audaux (Basses-Pyrénées) le 21 décembre 1549. Elle épousa, le 1er décembre 1509, Charles III, duc d'Alençon, devint veuve le 11 avril 1525, et se remaria (janvier 1527) à Henri d'Albret, roi de Navarre, dont elle eut Jeanne d'Albret, mère de Henri IV. — Voyez l'édition de son *Heptaméron* donnée par M. Leroux de Lincy, et ses *Lettres* publiées par M. Genin, 1841-42, 2 vol. in-8°.

2. J. du Tillet, ouvrage cité, f° 184.

sitif[1], car elle s'adonna fort aux lettres en son jeune aage; et les continua tant qu'elle vescut, aimant et conversant du temps de sa grandeur, ordinairement à la court, aveq' les gens les plus sçavans du royaume de son frère. Aussi tous l'honoroient tellement, qu'ilz l'appelloyent leur Mœcenas; et la pluspart de leurs livres, qui se composoient allors, s'adressoit au roy son frère, qui estoit bien sçavant, ou à elle.

Elle-mesme composa fort, et fit ung livre qu'elle intitula *La Marguerite des Marguerites*, qui est très-beau, et le trouve-t-on encor imprimé[2]. Elle composoit souvent des commédies et des moralitez, qu'on[3] apelloit en ce temps là; et des pastoralles, qu'elle faisoit jouer et représenter par les filles de sa court.

Elle aymoit fort à composer des chansons spirituelles, car elle avoit le cœur fort adonné à Dieu : aussi portoit-elle pour sa divise[4] la fleur du soucy, qui est la fleur ayant plus d'afinité aveq' le soleil qu'aucune qui soit, tant en similitude de ses rayons ès feuilles de laditte fleur, que à raison de la compaignie qu'elle luy fait ordinairement, se tournant de toutes partz là où il va, despuis oriant jusqu'en occidant, s'ouvrant aussi ou clouant[5], selon sa hauteur ou basseur. Aussi elle s'acommoda de ceste divise[6], aveq ces motz : *Non inferiora secutus*, en

---

1. *Acquisitif*, acquit.
2. *Marguerites de la Marguerite des princesses*, Lyon, 1547, 2 vol. in-8°, réimprimés en 1549, 1552 et 1554.
3. *Qu'on apelloit*, ainsi qu'on les appelait.
4. *Divise*, devise. — 5. *Clouant*, fermant.
6. Les six mots qui suivent ont été rajoutés en marge par

signe qu'elle dirigoyt et tendoyt toutes ses actions, pensées, volontés et affections, à ce grand soleil d'en haut qui estoit Dieu ; et, pour ce, la soubsçonnoit-on de la relligion de Luther. Mais, pour le respect et l'amour qu'elle portoit au roy son frère, qui l'aymoit unicquement et l'appelloit tousjours sa mignonne, elle n'en fist jamais aucune proffession ni semblant ; et, si elle la croyoit, elle la tenoit dans son âme fort secrette, d'autant que le roy la haïssoit fort, disant qu'elle, et toute autre nouvelle secte, tendoient plus à la destruction des royaumes, des monarchies et dominations nouvelles, qu'à l'édification des ames.

Le grand sultan Sollyman en disoit de mesmes : laquelle [1], combien qu'elle renversast force poinctz de la relligion chrestienne et du pape, il ne la pouvoit aymer ; « d'autant, ce disoit-il, que les religieux « d'icelle n'estoyent que brouillons séditieux, et ne « se tenoient jamais en repos qu'ilz ne remuassent « tousjours. » Voylà pourquoy le roy François, sage prince s'il en fut onq', en prévoyant les misères qui en sont venues en plusieurs partz de la chrestienté, les hayssoit, et fut ung peu rigoureux à faire brûler tous vifz les hérétiques de son temps. Si [2] ne layssa-t-il pourtant à favoriser les princes protestans d'Alle-

---

Brantôme. — Cette devise de Marguerite est rapportée par Claude Paradin dans ses *Devises héroïques* (1557, in-8°, p. 41). C'est là que Brantôme l'a prise en copiant presque textuellement l'explication qui l'accompagne. Cf. la note 3 de la page 128.

1. *Laquelle*, la nouvelle secte.
2. La fin de l'alinéa a été rajoutée en marge par Brantôme.

magne contre l'empereur. Ainsin ces grands roys se gouvernent comm' il leur plaist.

J'ay ouy conter à personne de foy que M. le connestable de Montmorancy, en sa plus grande faveur, discourant de ce faict ung jour aveq' le roy, ne fist difficulté ny scrupule de luy dire que, s'il vouloit bien exterminer les hérétiques de son royaume, qu'il falloit commancer à sa court et à ses plus proches, luy nommant la reyne sa sœur; à quoy le roy respondist : « Ne parlons point de celle-là, elle m'ayme « trop. Elle ne croyra jamais que ce que je croyray, « et ne prendra jamais de relligion qui préjudicie à « mon Estat. » Donq' oncques puis elle n'ayma jamais M. le connestable, l'ayant sceu, et luy ayda bien à sa deffaveur et son banissement de la court; si bien que, le jour que madame la princesse de Navarre sa fille[1] fut mariée aveq' le duc de Clèves à Chastelleraud, ainsin qu'il la falust mener à l'église, d'autant qu'elle estoit si chargée de pïerreries et de robe d'or et d'argent, et pour ce par la foiblesse de son corps n'eust sceu marcher, le roy commanda à M. le connestable de prendre sa petite niepce au col, et la porter à l'église : dont toute la court s'en estonna fort, pour estre une charge peu convenable et honnorable en telle cérimonie pour ung connestable, et qu'elle se pouvoit bien donner à ung autre; de quoy la reyne de Navarre n'en fust nullement desplaisante, et dit : « Voilà celluy qui me vou- « loit ruyner autour du roy mon frère, qui main- « tenant sert à porter ma fille à l'église. »

1. Jeanne d'Albret. Voyez plus haut, p. 90.

Je tiens ce conte de ceste personne que j'ay dict, et que M. le connestable fut fort desplaisant de ceste charge, et en heut ung grand despit, pour servir d'un tel spectacle à tous, et commança à dire : « C'est « faict dézormais de ma faveur ; à Dieu luy dis. » Comme il arriva ; car amprès le festin et disner des nopces, il heust son congé, et partist aussitost. Je le tiens de mon frère aussi, qui estoit lors page à la court, qui vist le mistère et s'en souvenoit très-bien, car il avoit la mémoyre très-heureuse. Possible auray-je esté importun d'avoir faict ceste disgression ; mais pour m'estre venue en la souvenance, passe.

Pour parler encor' du sçavoir de ceste reyne, il estoit tel, que les embassadeurs qui parloyent à elle en estoyent grandement ravis, et en faisoyent de grands raports à ceux de leur nation à leur retour ; dont sur ce elle en soullageoit le roy son frère ; car ilz l'aloyent trouver tousjours après avoir faict leur principalle ambassade, et, bien souvant, lorsqu'il avoit de grands affaires, les remettoit à elle. En attendant sa diffinition et totalle résolution, elle les sçavoit fort bien entretenir et contenter de beaux discours, comme elle y estoit fort opulante, et fort habille à tirer les vers du nez d'eux ; dont le roy disoit souvent qu'elle luy assistoit très-bien, et le deschargeoit de beaucoup. Aussy[1] faisoyent-elles à l'envy les deux seurs, comme j'ay ouy dire, à qui serviroyent mieux leurs frères ; l'une, la reyne d'Hongrye, l'empereur ; et l'autre, le roy François :

---

1. Cette fin d'alinéa a été rajoutée en marge par Brantôme.

mays, l'une par les effetz de la guerre, et l'autre par l'industrie de son gentil esprit, et par douceur.

Lorsque le roy fut si fort mallade en Hespagne estant prisonnier, elle l'ala visiter comme bonne sœur et amie, soubz le bon plaisir et saufconduict de l'empereur : laquelle trouva son frère en si piteux estat, que, si elle n'i fut venue, il estoit mort, d'autant qu'elle recognoissoit son naturel et sa complexion mieux que tous ses médecins; et le traitta et fit traitter scellon qu'elle les congnoissoit, si bien qu'elle le rendist guéry. Aussi le roy le disoit souvant, que sans elle il estoit mort[1], dont il luy avoit ceste obligation qu'il recongnoistroit à jamais, et l'en aymeroit, comme il a faict, jusque à sa mort. Aussi elle luy rendoit la pareille, et de telle amour, que j'ay ouy dire qu'ayant sceu son extrême malladie, elle dist ces mesmes parolles : « Quiconques viendra
« à ma porte m'annoncer la guérison du roy mon
« frère, tel courrier, fût-il las, arassé, fangeux et mal-
« propre, je l'yray baiser et accoller, comme le plus
« propre prince et gentilhomme de France; et quand
« il auroit faute de lict, et n'en pourroit trouver
« pour se dellasser, je luy donnerois le mien, et
« coucherois plustost sur la dure, pour telles bonnes
« nouvelles qu'il m'aporteroit. » Mais en ayant sceu la mort, elle en fist des lamentations si grandes, des regretz si cuisans, qu'oncques puis elle ne se peut remettre, et ne fist plus jamais son proffict, à ce que

---

1. Il y avait sur le manuscrit les mots : *Pour toutes ses raisons*, qui ont été biffés.

j'ay ouy dire aux miens[1]. Ceste fois qu'elle fut en Hespaigne, elle parla à l'empereur si bravement, et si honnestement aussy, sur le mauvais traittement qu'il faisoit au roy son frère, qu'il en fut tout estonné, luy remonstrant son ingratitude et fellonnie dont il usoit, luy vassal, envers son seigneur, à cause de Flandres ; puis luy reprocha la dureté de son cœur, pour estre si peu piteux à l'endroict d'un si grand roy et si bon ; et qu'usant de ceste façon, ce n'estoit pour gaigner ung cœur si noble et royal que celluy du roy son frère, et si soverain ; et quand bien il mourroit pour son rigoureux traictement, la mort n'en demeurroit impunie, ayant des enfans qui, quelque jour, deviendroient grands, qui en feroient la vengeance signalée.

Ces parolles prononcées si bravement et de si grosse collère, donnarent à songer à l'empereur, si bien qu'il s'amodéra[2] et visita le roy, et luy promist forces belles choses, qu'il ne tint pas pour ce coup pourtant.

Or, si ceste reyne parla bien à l'empereur, elle en dist encor pis à ceux de son conseil où elle eust au-

---

1. En marge on lit ce passage rajouté par Brantôme et qu'il a biffé : Elle se retyra après en avoyr sceu la mort par les chemins, l'allant trouver pour le secouryr et restaurer encor une autre foys. Elle se retyra en une religion de fames, en Angoumoys, qu'on appelle Tusson, où elle y fist une quarantayne qui dura quatre moys, la plus austère et triste qu'on eust sceu voyr, jusques là que bien souvent elle faysoyt l'office de l'abesse et en tenoyt le rang à suyvre le servyce autant à la messe qu'aux vespres. J'ay veu cela, moy, estant peti tgarson aveq ma grand'mère qui estoyt sa dame d'honneur.

2. *Amodérer*, modérer.

dience ; là où elle triumpha de bien dire et bien haranguer, et aveq' une bonne grâce dont elle n'estoit point despourveue. Et fist si bien par son beau dire, qu'elle s'en rendist plus agréable qu'odieuse ny fâcheuse; d'autant qu'aveq' cela elle estoit belle jeune veufve de M. d'Allençon, et en la fleur de son aage. Tout[1] cela est fort propre à esmouvoyr et plyer des personnes dures et cruelles. Enfin elle fit tant que ses raisons furent trouvées bonnes et pertinentes, et demeura en grand' estime de l'empereur, de son conseil et de sa court. Si est-ce qu'il luy voulut donner une venue, d'autant que ne songeant à l'expiration de son sauf-conduict et passeport, elle ne prenoit garde que son terme s'en approchoit. Elle sentist quelque vent que l'empereur, aussitost le terme escheu, la vouloit arrester ; mais elle, toute courageuse, monte à cheval, faict des traictes en huict jours qu'il en falloit bien pour quinze, et s'esvertua si bien qu'elle arriva sur la frontière de France le soir bien tard du jour que le terme de son passeport expiroit; et par ainsin fust bien trompée Sa Cæsarée Majesté, qui l'eust retenue sans doubte si elle eust voulleu enjamber sur ung autre jour hors de son sauf-conduict. Elle luy sceut aussi bien mander et bien escripre après, et luy en fayre la guerre lorsqu'il passa par France. Je tiens ce conte de madame la sénéchalle, ma grand'mère, qui estoit pour lors aveq' elle sa dame d'honneur.

Durand la prison du roy son frère, elle assista fort à madame la régente sa mère à régir le royaume, à

---

1. Cette phrase a été rajoutée en marge par Brantôme.

contanter les princes, les grands, et gaigner la noblesse ; car elle estoit fort accostable, et qui gaignoit bien le cœur des personnes pour les belles partyes qu'elle avoit en elle.

Bref, c'estoit une princesse digne d'ung grand empire. Outre tout cela, elle estoit très-bonne, douce, gratieuse, charitable, grand' ausmonnière et ne desdaignant personne. Aussi, lorsqu'elle fust morte, elle fut plainte et regretée de tout le monde.

Les plus sçavans à l'envy firent d'elle une infinité d'épitaffes, qui grec, qui latin, qui françois, qui italien, si bien qu'il y en ha ung livre encor' en lumière, tout complet et qui est très-beau [1].

Ceste reyne souloit souvant dire aux uns et aux autres qui discouroyent de la mort et de la béatitude éternelle par amprez : « Tout cela est vray, mais « nous demeurons si longtemps morts soubz terre « avant que venir là ! » De sorte que j'ay ouy dire à ma mère qui estoit l'une de ses dames, et ma grand'mère sa dame d'honneur, que, lorsqu'on luy annoncea en son extrémité de malladie qu'il falloit mourir, elle trouva ce mot fort amer et reppéta aussitost ce que je viens de dire, et qu'elle n'estoit point encor' tant susannée [2] qu'elle ne peut encor' bien vivre quelques années [3] ; car elle n'avoyt que sinquante

---

1. Le *Tombeau de Marguerite de Valois....* *fait premièrement en distiques latins par les trois sœurs princesses, en Angleterre, depuis traduictz en grec, italien et françois*, etc., Paris, 1551, in-8º.

2. *Susannée*, chargée d'années.

3. Elle était dans sa cinquante-huitième année.

deux ou troys ans[1]. Elle nasquit sous le 10ᵉ degré d'Aquarius[2], que Saturne se séparoyt de Vénus par quaterne aspect[3], le 10 d'abvril 1492, à dix heures du soyr, au chasteau d'Angoulesme, et fut conceue l'an 1491, dix heures advant mydy et 17 minutes, le 11 de juillet. Les bons astrosites[4] pourroyent là dessus en fayre quelque composition. Elle mourust en Béarn, au chasteau d'Audaus[5], au moys de décembre l'an 1549. On pourra là dessus computer son aage. Elle estoyt plus vieille que le roy son frère, qui nasquit à Cognat, le 12 de septembre, à neuf heures du soyr, l'an 1494, sous le 21ᵉ degré de Gemini[6], et avoyt esté conceu l'an 1493, le 10 de décembre, dix heures du matin, fut roy le 11 de janvier 1514[7], et mourut en 1547.

Ceste reyne prist sa maladye en regardant une comète qui paroyssoyt lors sur la mort du pape Paulo III, et elle-mesme le cuidoyt ainsin; mays possible pour elle paroyssoyt; et soudain la bouche luy vint un peu de travers : ce que voyant son médecin, M. d'Escuranis, l'osta de là, et la fist coucher

---

1. Ce qui suit jusqu'à *Après s'être résolue à la mort*, a été rajouté en marge par Brantôme.

2. *Aquarius*, le signe du Verseau.

3. « On appelle *aspect*, dit le *Dictionnaire de Trévoux*, la situation qu'ont les étoiles et les planètes, les unes à l'égard des autres en diverses parties du zodiaque. » Il y avoit quatre aspects.

4. *Astrosites*, astrologues.

5. Audaux, dans les Basses-Pyrénées, arrondissement d'Orthez et non à Odos en Bigorre, comme on l'a dit. La phrase de Brantôme ne laisse aucun doute à cet égard.

6. *Gemini*, le signe des Gémeaux. — 7. 1515, *n. st.*

et la traita, car c'estoyt un caterre¹; et puys mourust dans huit jours. Après s'estre résolue à la mort, elle mourut bonne chrestienne et catholicque, contre l'opinion de plusieurs; mais, quand à moy, je puis affirmer, moy estant petit garçon en sa court aveq ma grand'mère et mère, n'en avoir veu faire aucuns actes contraires; si bien que s'estant retirée en ung monastère de femmes en Angoulmois, aprez la mort du roy son frère, qu'on appelle Tusson², où elle y fit sa quarantayne³ [et] séjour tout ung esté, et y bastit ung beau logis, souvant on l'a veue faire l'office de l'abesse et chanter aveq' les religieuses en leur messes et leur vespres⁴.

J'ay ouy conter d'elle qu'une de ses filles de chambre qu'elle aymoit fort, estant près de la mort, la voulut veoir mourir : et tant qu'elle fut aux abois et au rommeau⁵ de la mort, elle ne bougea d'auprès d'elle, la regardant si fixement au visage que jamais elle n'en osta le regard jusques aprez sa mort. Aucunes de ses dames plus privées luy demandarent à quoy elle amusoit tant sa veue sur ceste créature trespassante. Elle respondit qu'ayant ouy tant discourir à tant de sçavans docteurs que l'âme et l'esprit sortoyent du corps aussitost ainsin qu'il trespassoit, elle vouloit veoir s'il en sentiroit⁶ quelque vent ou

---

1. *Caterre*, catarrhe. Ici il s'agit d'apoplexie.
2. Tusson dans la Charente, arrondissement de Ruffec.
3. Sa retraite de quarante jours, à cause de son deuil.
4. Voyez plus haut, p. 120, note 1.
5. *Rommeau*, approche.
6. *Sentir*, dans l'acception de l'italien *sentire*, entendre.

bruit, ou le moindre résonnement du monde, au desloger et sortir, mais qu'elle n'y avoit rien aperceu et disoit une raison qu'elle tenoit des mesmes docteurs : que leur ayant demandé pourquoy le cygne chantoit ainsin avant sa mort, ilz lui avoient respondu que c'estoit pour l'amour des espritz qui travaillent à sortir par son long col : pareillement, ce disoit-elle, vouloit veoir sortyr ou sentir résonner et ouyr ceste ame ou celluy esprit, ce qu'il feroit à son déloger, mais rien moyngs. Et adjousta que si elle n'estoit bien ferme en la foy, qu'elle ne sçauroit que penser de ce deslogement et département[1] du corps et de l'ame; mais qu'elle vouloit croire en ce que son Dieu et son Eglise commandoient, sans entrer plus avant en autre curiosité : comme de vray c'estoit l'une des dames aussi dévotieuses qu'on eust sceu veoir. et qui avoit Dieu aussi souvant en la bouche et le craignoit autant.

Elle fist en ses gayettez ung livre qui s'intitule : *Les Nouvelles de la reyne de Navarre*[2], où l'on y veoit ung stille si doux et si fluant[3] et plain de si beaux discours et belles sentances que j'ay ouy dire que, la reyne mère et madame de Savoye estant jeunes,

---

1. *Département*, séparation.
2. La première édition de l'*Heptaméron* (édition incomplète) parut en 1558, in-4°, sous le titre de *Histoire des amans fortunez*. L'éditeur était P. Boaistuau. La seconde, à peu près complète, fut donnée par Gruget, 1559, in-4° et est intitulée : *L'Heptaméron des Nouvelles de très illustre et très excellente princesse Marguerite de Valois*, 1559, in-4°. La meilleure est celle de M. Leroux de Lincy, Paris, 1853, 3 vol. petit in-8°.
3. *Fluant*, coulant.

se voulurent mesler d'en escrire des nouvelles à part, à l'immitation de la dicte reyne de Navarre, sçaichant bien que elle en faisoit; mais, quand elles eurent veu les siennes, elles eurent si grand despit des leurs qui n'aprochoyent nullement des autres, qu'elles les jettarent dans le feu et ne voulurent les mettre en lumière : grand[1] dommage pourtant, car, estant si spirituelles, il n'y pouvoyt avoyr rien que très-bon et très-plaisant, venant de telles grandes qui sçavoyent de bons contes.

Elle composa toutes ses Nouvelles, la pluspart dans sa lityère en allant par pays; car elle avoit de plus grandes occupations, estant retirée. Je l'ay ouy ainsin conter à ma grand'mère, qui alloyt tousjours avecq' elle dans sa lityère, comme sa dame d'honneur, et luy tenoit l'escritoyre dont elle escrivoit, et les mettoit par escrit aussitost et habillement, ou plus que si on luy eust ditté. C'estoit aussi la personne du monde qui faisoit mieux les devises en françoys et latin et autre langue, qui fust point, comme il y en ha un' infinité en nostre maison, en des lictz et tapisseries, qu'ell' a composées. J'en ay assez parlé pour asture; ailleurs j'en parleray encor'.

Pour dire que, comme j'ay dict, madame Claude fut fort heureuse en belle lignée de filles comme de filz, elle eust mesdames Charlotte et Louyse, ausquelles la mort par trop s'advançant les empescha de venir à l'aage parfaict et au beau fruict que leur jeunesse tendre en monstroit de belles fleurs; et si elles fussent venues à leur perfection d'années, elles

*Mesdames Charlotte, Louise*

---

1. Cette fin d'alinéa a été rajoutée en marge par Brantôme.

n'eussent rien dheu à leurs autres sœurs, ny en esprit ny en bontez, car leur espérance en estoit très-belle. Si bien que madame Louyse avoit esté conpromise à l'empereur Charles ; mais elle mourut. Ainsin les beaux boutons de roses bien souvent sont emportez du vent comme les mesmes roses espanouies : aussi les jeunesses ravies ainsin sont plus à regreter cent fois que les vieillesses, qui ont assez paru au monde, et le dommage en est plus grand ; comme il fut quasi de mesmes qu'elles de madame Magdelayne de France leur sœur, laquelle n'eust grand loisir de jouyr heureusement de la chose du monde qu'elle avoit plus affectée, qu'estoit d'estre reyne, tant elle avoit le cœur grand et haut.

et Magdelaine de France [1].

Elle fut donq' mariée au roy d'Escosse ; et ainsin qu'on l'en vouloit destourner, non qu'il ne fût, certes, ung beau et brave prince, mais pour estre condempnée à aller faire son habitation en ung peys barbare et une gent brutalle, luy disoit-on, elle respondoit : « Pour « le moings tant que je vivray je seray reyne, ce que « j'ay tousjours desiré. » Mais quand elle fust en Escosse, elle en trouva le pays tout ainsin qu'on luy avoit dict, et bien différent de la doulce France. Touteffois, sans autre semblant de la repantance, elle ne disoit autre chose, sinon : « Hélas ! j'ay voulu estre reyne ; » couvrant sa tristesse et le feu de son ambition d'une cendre de patience, le mieux qu'elle

1. Louise, née le 19 août 1515, morte le 21 septembre 1517. — Charlotte, née le 23 octobre 1516, morte le 8 septembre 1524. — Madeleine, née le 10 août 1520 ; mariée le 1er janvier 1536 à Jacques V, roi d'Écosse, morte le 2 juillet 1537.

pouvoit. M. de Ronssard m'a conté cecy, lequel all[ait] aveq' elle en Escosse, sortant hors de page d'aveq M. d'Orléans[1], qui luy donna pour aller aveq' elle et veoir son monde.

Elle ne demeura pas longtemps reyne qu'elle ne mourust, bien regrettée du roy et de tout le pays, car elle estoit fort bonne, et se faisoit beaucoup aymer, et avoit ung fort grand esprit, et estoit fort sage et vertueuse, ainsin que nous avons heu madame Marguerite de France, sa sœur, despuis duchesse de Savoye, laquelle a esté si sage, si vertueuse, si parfaitte en sçavoir et sapience, qu'on luy donna le nom de la Minerve ou Palas de la France pour sa sapience ; aussi pour divise elle portoit un rameau d'ollive entortillé de deux serpens entrelassez l'un en l'autre, aveq' les mots : *rerum sapientia custos*[3] signifiant que toutes choses sont régies, ou doyvent estre, par sapiance qu'elle avoit beaucoup, et de science aussi, qu'elle entretenoit toujours par ses

[En marge : Madame Marguerite de France [2].]

---

1. Charles, duc d'Orléans, troisième fils de François Ier.
2. Marguerite de France, fille de François Ier et de Claude de France, née à Saint-Germain en Laye le 5 juin 1523, mariée le 9 juillet 1559 à Philibert-Emmanuel, duc de Savoie, morte à Turin le 14 septembre 1574.
3. Brantôme a pris l'indication de cette devise, comme de la plupart de celles qu'il cite, dans les *Devises héroïques* de Claude Paradin (voyez l'édition de 1610, in-8°, p. 302), qui à son explication ajoute : « Et en vérité c'estoit une très-prudente princesse, digne que Ronsard et Jodelle l'ayent célébrée sous le nom de Pallas. » — Voyez en effet une épître, *Le Tombeau de Marguerite de France*, par Ronsard (*OEuvres*, édit. de 1623, t. II, p. 416), et une *épître* de Jodelle *à madame Marguerite* (*OEuvres*, édit. de 1583, in-18, p. 108, *b*).

continuelles estudes les aprez-disnées, et ses leçons qu'elle aprenoit des gens sçavans, qu'elle aymoit par dessus toutes sortes de gens. Aussi l'honoroient-ilz comme leur déesse et patronne. La grand' quantité de beaux livres qu'ilz ont faict pour elle, et qu'ilz ont vouez à elle, en font tesmoignage; et, pour ce, m'empescheront de louer sa science, car ilz en ont assez dict.

Elle heust le cœur grand et haut. Le roy Henry la voulust une fois maryer à feu M. de Vandosme[1] premier prince du sang; mais elle fist responce qu'elle n'espouseroit jamais le subject du roy son frère. Voylà pourquoy elle demeura si long-temps à prendre party, jusques à ce que, par la paix faicte entre les deux roys chrestien et catholique, elle fut mariée aveq' M. de Savoye, auquel elle aspiroit il y avoit longtemps, dès le roy François, et dès lors que le pape Paule tiers et le roy François se virent à Nice[2], que la reyne de Navarre alla voir, par le commandement du roy, feu M. de Savoye le père[3] au chasteau de Nice, et y mena madame Marguerite sa niepce, qui fut trouvée fort agréable de M. de Savoye, et fort propre pour son filz; mais cela traisna par le moyen de la guerre jusques à ceste grand' paix[4], que ce mariage se fist et se consomma, et cousta bon à la France; car, de tout ce qu'on avoit conquis et gardé en Piedmont et Savoye l'espace de trente ans,

---

1. Antoine de Bourbon.
2. En 1538.
3. Charles III.
4. La paix de Cateau-Cambrésis en 1559.

fallust qu'il se rendist en une heure : tant le roy Henry désiroit la paix et aymoit sa sœur, qui ne vouleut rien espargner pour la bien colloquer ; mais pourtant la plus grand' part de la France et de Piedmont en murmuroient, et disoyent que c'estoit ung peu trop.

D'autres le trouvoyent fort estrange, et d'autres fort incroyable, jusques à ce qu'ilz l'heussent veu ; et mesmes les estrangiers et s'en mocquoient de nous ; et ceux qui aymoient plus la France et son bien en pleuroient, lamentoient, et surtout ceux de Piedmont, qui ne vouloient tourner à leur premier maistre, si les ducz de Savoye se doibvent justement nommer maistres et seigneurs du Piedmont, d'autant que les roys de France le sont estez d'autrefois, et sont encores justes seigneurs, titulayres et maistres, et légitimement leur apartient.

Quand aux soldatz et compaignons de guerre, qui estoient jà si longtemps accoustumez aux garnisons, douceurs et belles nourritures de ce païs, ne faut point demander ce qu'ilz en disoient, commant ilz en crioyent, s'en désespéroient, et ce qu'ilz en débagouloient. Les uns, tant gascons qu'autres, disoient : « Hé ! cap de Diou ! faut-il que pour une « petite pièce de chair qui est entre les jambes de « ceste femme, qu'on rende tant de belles et grandes « pièces de terre ? » Les autres : « Que maudict soit « le c.. qui tant nous couste ! » Les autres : » Faut-il « qu'un vieux et pauvre c.. s'enrichisse et se répare « de noz despouilles ! » Les autres : « Maugré Dieu « d'elle, de quoy elle n'est née sans c..! » D'autres : « Vrayement ouy, on nous la debvoit bien tant dire

« et tant faire Minerve, déesse de chasteté, pour
« venir en Piedmont changer de nom et se faire f.....
« à nos despans. » D'autres : « Elle debvoit bien gar-
« der l'espace de quarante cinq ans[1] sa virginité et
« son beau pucellage, et le perdre pour la ruyne de
« France. » Et d'autres : « Ah! qu'elle doibt avoir le
« c.. grand pour engloutir tant de villes et chasteaux;
« et croy que quand son mary y sera dedans n'aura
« pas grand goust, car il n'y f... que des pierres et
« murailles des villes qui sont entrées dedans. »
D'autres[2] disoyent qu'on le devoyt avoyr tondu et
raz comme un moyne dès l'aage de quinze ans, et
l'avoyr mis moyne en une religion, bien claustré[3] et
renfermé, et qu'il n'eust jamais tasté de chayr ne veu
son monde; d'autres disoyent pis : qu'on le luy
debvoit cerner comme un essarneau[4]. Celluy là ne
vaut rien. Bref, si je voulois débagouler une infinité de telles causeries, je n'aurois jamais faict,
car asseurez-vous qu'ilz en disoient prou, et des-
chiffroient bien ce pauvre c.., comme gens désespérez.

Que si de ce temps ilz fussent estez autant desrai-
glez, mutins et séditieux, comme despuis on les a

1. Lisez : trente-six ans.
2. Cette phrase a été rajoutée en marge par Brantôme, qui, après les mots : *ne veu son monde*, avait mis ces lignes qu'il a biffées. Ainsin qu'on avoyt fait d'autres foys à des roys de France qu'on faysoyt ainsin tondre, et les randoyt-on en un monastère bien ressarez, et comme on a fait de mesme à plusieurs princesses.
3. *Claustré*, cloîtré.
4. *Essarneau*, cerneau. On dit *sarneau* dans les patois du Midi.

veuz en noz guerres civilles, asseurez-vous qu'un chascun en eust pris sa part, et se fussent saisis des places qu'on eust heu bien de la difficulté de les en chasser; aussi qu'ilz avoient affaire à ung général, qui estoit M. le mareschal de Brissac, qui se sçavoit bien faire craindre et respecter, comme j'ay dict. Si bien qu'il fallust que ces pauvres gens prinssent leur congé en gré, dont les uns pleurans et se lamentans, se retirèrent en France en leurs maisons, que tel possible y avoit-il qui ne l'avoit veue de trante ans; d'autres, comme gens désespérez, s'en allarent au service du roy d'Hespaigne, qui avoit la guerre contre le Grand-Seigneur; et prez de quinze cents qu'ilz estoient, tant du reliqua du Piedmont que de la Toscanne, furent tous tuez en combattant vaillamment en la battaille qui fut donnée aux Gerbes.

J'ay ouy dire à de grandz capitaynes que si le Piedmont au moings nous fut demeuré, et qu'on eust laissé la Savoie et la Bresse seulement, que le mariage fust esté très-riche et très-beau, et que, par ce moyen, nous estant resté, le Piedmont eust servy d'escolle tousjours et d'amusement aux gens de guerre françois, et s'i fussent tous arrestez, et ainsin ne se fussent adonnez ny affriandez aux guerres civiles; estant le naturel du François de vacquer tousjours aux œuvres de Mars, et d'hayr l'oyziveté, le repos et la paix. Or, telle estoit la destinée malheureuse pour la France, et par ce moyen falloit-il achapter la paix; et par ainsin madame de Savoye n'en a peu mais, car elle ne désira jamais la ruyne de la France : tant s'en faut, qu'elle n'aymoit rien tant que ceux de sa nation; et si elle en a receu du bien elle n'en ha point esté ingrate, luy servant de tout ce qu'elle a peu, et la secourant : car, tant qu'elle a vescu, elle a tousjours persuadé et gaigné M. de Savoye son mary à bien entretenir la paix et ne se bander, luy qui estoit Hespaignol pour la vie, contre la France, ainsin qu'il fist despuis aprez qu'elle fust morte, ayant suscité, maintenu et fortiffié sous main M. le mareschal de Bellegarde[1] à faire ce qu'il fist, et se rebeller contre le roy, et s'impatroniser du marquisat de Salluces (j'en parle ailleurs[2]). En quoy certes son Altezze heust grand tort, recognoissant si mal les biensfaicts des roys de France ses proches, et, de fraiz, du feu roy Henry III$^e$, qui luy avoit donné si libérallement Pignerol et Savillan au retour de Poulongne.

Force gens bien advisez croient que si madame de Savoye eust vescu, qu'elle fût morte plustost ou elle eust engardé ce coup, tant elle se sentoit redepvable à la terre de sa naissance. Et j'ay ouy dire à une grand' personne : qu'il pensoit que si madame de Savoye eust vescu, et qu'elle heust veu faire à son filz[3] la surprise du marquisat de Salluces, qu'il a faicte du temps du deffunct roy, qu'elle l'heust estranglé; mesmes que le feu roy le disoit et le croyoit ainsin : lequel heust si grand despit de ce traict, que le matin que les nouvelles lui en vindrent, pensant faire ses pasques, il les remist et ne les voulut fayre, tant il fut animé, colléré et superstitieux par apa-

---

1. Voyez dans le tome V la vie du maréchal de Bellegarde.
2. Voyez tome V, p. 202; tome VI, p. 153 et suiv.
3. Charles-Emmanuel I$^{er}$. Voyez tome II, p. 147.

rance aussi bien que du dedans; et tousjours disoit que si sa tante eust vescu que cella ne fût point arrivé.

Voylà la bonne opinion que ceste bonne princesse avoit laissé au roi et à tout le monde de sa bonté. Aussi, pour dire vray, comme je tiens de bon lieu, quand elle ne fust estée telle, et qu'elle eust estée d'autre naturel que du sien bon, jamais le roy ny son conseil ne l'heussent advantagée si grandement, ny faict de si grands biens, que certes elle n'a jamais espargné ny pour la France ny pour les François. Et ne se peut plaindre aucun François, qui, allants et venans deçà et delà les montz, s'adressant à elle en sa nécessité, qu'elle ne l'ayt secouru, assisté du tout, et donné bon argent pour sa passade et pour se conduire en chemin. Je sçay que, lorsque nous tournasmes de Malte, elle fit de grandes gracieusetez et donna beaucoup d'argent à tant de François, qui s'adressarent à elle et luy en demandarent; mesmes sans luy en demander elle leur en faisoit offrir. Je le peux dire comme sçavant, quand à moy; car madame la contesse de Pancallier, sœur de M. de Raix, et fort sa favorite et sa dame d'honneur, ung soir, en me baillant à soupper en sa chambre, me présenta dans une bource cinq cens escus de la part de maditte dame, d'autant qu'elle aymoit extrêmement madame de Dampierre ma tante, et avoit fort aymée ma mère. Mais je puis jurer aveq' vérité et l'asseurer que je n'en prins jamais ung seul sol; car j'en avois assez pour me conduire à la court, et plustost je me fusse conduict à pied que d'estre si effronté et impudent d'importuner telle princesse. J'en cognois beaucoup et ay cogneu qui ne firent pas de mesmes ; car ilz en prindrent très-bien.

J'ay ouy dire à ung de ses maistres d'hostelz qu'elle mettoit en ung coffre tous les ans en réserve le tiers de son revenu, pour donner aux pauvres et surtout aux pauvres François passans. Voylà comment elle estoit bonne Françoise ; et ne luy debvoit-on plaindre le bien qu'elle avoit emporté de France, car c'estoit toute sa joye lorsqu'elle oyoit de bonnes nouvelles, et son triste desplaisir quand elle en oyoit de mauvaises.

Quand les premières guerres y nasquirent, elle en prist si grand ennuy qu'elle en cuyda mourir ; et quand la paix fut faicte et qu'elle vint à Lyon veoir le roy et la reyne mère [1], elle ne se peut saouler de s'en conjouir aveq' eux et de prier la reyne de l'entretenir bien, et se courroucer à plusieurs huguenotz, et en parlant à eux et en leur escrivant, de quoy ilz l'avoient esmeue, et les prier de n'y tourner plus ; car ilz l'honoroient fort et avoyent en elle créance, d'autant qu'à aucuns elle leur avoit faict plaisir ; et à grand peyne feu M. l'admiral eust jouy de ses biens de Savoie sans elle.

Lorsque les guerres civilles arrivarent en Flandres, elle la première nous en donna l'advis en tournant [2] de Malthe ; mais asseurez-vous qu'elle n'en fust point marrie : « car, disoit-elle, les Hespaignolz se resjouis-

---

1. Elle arriva à Lyon avec son mari le 4 juillet 1565. Voyez le *Voyage de Charles IX en France*, par Abel Jouan (*Pièces fugitives*, par le marquis d'Aubaïs, tome I*er*).

2. A notre retour de Malte.

« soyent et se mocquoient de nous et de nos dis-
« cordz : asture ilz en ont leur bonne part; ilz ne
« s'en mocqueront plus. »

Elle se fit tellement aymer aux terres et pays de son mary, que, lorsqu'elle mourust, les pleurs et les larmes eurent tel cours parmy tout le peuple, despuis le plus grand jusques au plus petit, qu'elles ne se peurent jamais asseicher ny prendre fin. Aussi parloit-elle pour tous à monsieur son mary, quand ilz estoient en nécessité ou adversité, ou en peyne ou en faute, et luy requéroit grâce et pardon pour eux, qui bien souvant sans elle ny ses intercessions ne l'heussent heu. Aussi l'appelloient-ilz tous leur patronne.

Bref, c'estoit la bonté du monde; au reste, comme j'ay dict, charitable, magnifique, libéralle, sage, vertueuse, si accostable et douce que rien plus, et principallement à ceux de sa nation : car, quand ilz luy alloyent faire la révérance, elle les recepvoit aveq' tel recueil qu'ilz en avoient honte; et les gentilzhommes ung peu signalez les honnoroit de telle façon, que bien souvant elle ne vouloit parler à eux qu'ilz ne fussent couverts. Je sçay en quoy j'en doibs dire; car, parlant à elle une fois, elle me fist ce mesme honneur, et m'en pressa et commenda[1] de telle façon, que je fus contrainct de luy dire : « Madame,
« je crois que ne me tenez pour François, et que j'i-
« gnore ce que vous estes, et le rang et le grade que
« vous tenez, estant du sang de noz roys que j'ho-
« nore en vous honnorant comme il m'appartient. »

---

1. Il y avait d'abord sur le ms. : *et m'en importuna.*

Et jamais ne parloit à eux assise, que debout ; et aucuns, moiennement principaux que j'ay veuz, elle faisoit et pressoit asseoir auprez d'elle.

Bref, on ne sçauroit jamais tant dire de bien de ceste princesse, comme il y en a heu, et fauldroict ung plus brave escrivain, qui entreprist ses vertuz, et autre que moy. Je me tayray donq' jusques à ung autre fois et me mettray à parler des filles de nostre roy Henry, et commanceray par son aisnée, madame Elizabet de France, ou plustost la faut apeller la belle Elizabet du monde, pour ses rares vertus et perfections, laquelle fut reyne d'Hespaigne, et bien aymée et honnorée de tout son peuple en son vivant, et après sa mort fort plaincte et regrettée d'icelluy, comme j'ay dict cy-devant au discours que sommairement j'ay faict d'elle [1] : par quoy je me contenterai pour le présent de n'en escrire d'avantage, et parleray de sa sœur, la seconde fille du roy Henry, qui fut madame Claude de France (le nom de son ayeule), duchesse de Lorrayne, qui a esté belle, sage, vertueuse, bonne et douce princesse. Si bien qu'on la disoit en tout, à la court, ressembler à la mère et à la tante, et estre leur vray ymage. Elle avoit au visage une certayne gayetté qui plaisoit fort à tous ceux qui la regardoient. En sa beauté elle ressembloit sa mère, et en son sçavoir elle ressembloit sa tante [3], et de toutes deux elle participoit de la bonté

Madame Claude de France [2].

1. Voyez plus haut p. 1 et suivantes.
2. Claude de France, née le 12 novembre 1547, mariée le 22 janvier 1558 à Charles II, duc de Lorraine, morte le 20 février 1575. — Voy. son *Oraison funèbre* par Sorbin, 1575, in-8°.
3. Nous rétablissons ces mots : *et de toutes deux elle partici-*

que ceux de Lorrayne ont tousjours fort esprouvée, tant qu'elle a vescu, comme¹ je l'ay veu moy estant en ces pays là, et aprez sa mort l'ont trouvée fort à dire. Aussi de sa mort tout le pays en fut comblé de regretz ; et M. de Lorrayne la plaignist² tellement, que encor' qu'il a demeuré veuf d'elle, jeune, ne vouleust jamais se remarier, disant qu'il n'en pourroit jamais trouver une pareille, et que s'il la pensoit trouver véritablement il se remarieroit.

Elle luy laissa une belle race, et mourut aprez de mal d'enfant, à l'apétit d'une vielle sage-femme et grosse yvrongne de Paris, en laquelle elle avoit plus de fiance qu'en tout autre.

Les nouvelles de sa mort en vindrent à Reins, au sacre du roy, dont toute la court en demeura en deuil et tristesse extrême, pour sa bonté qu'elle démonstroit à tout le monde où elle pouvoit, quand elle y venoit.

La dernière fois qu'elle y vint, le roy son frère luy donna toutes les amandes de la Guienne; car ilz tiennent que les confiscations n'y ont lieu ; mais on y faict les amandes si grandes, que bien souvant passent et vallent les confiscations.

Madame de Dampierre luy en demanda une, moy présent, un jour, d'un gentilhomme que je sçay. Elle luy fist responce : « Madame de Dampierre, je la « vous donne de bon cœur, n'ayant accepté ce don

*poit de la bonté que*, qui ont été biffés par erreur sur le manuscrit.

1. Ce membre de phrase a été rajouté en marge.
2. *Plaindre*, regretter.

« du roy mon frère, que je n'ay demandé (mais il
« le m'a donné de bon gré) pour ruyner la France,
« car j'en suis, et ayme tous ceux qui en sont comme
« moy : ilz auront de moy plus de courtoisie que
« d'un autre qui eust heu le don ; et telle qu'ilz la
« voudront de moy et me la demanderont, je leur
« donrray. » Comme de vray, ceux qui eurent affaire
aveq' elle n'y trouvarent que toute courtoisie, toute
douceur et bonté.

Bref, elle estoit vraye fille de France, et en cella,
et en bon esprit et habilité, qu'elle a tousjours bien
monstré en secondant sagement et habillement monsieur son mary au gouvernement de ses seigneuries
et dominations.

Après ceste Claude de France vint ceste belle Marguerite de France, reyne de Navarre, de laquelle j'ay parlé par cy devant ; et pour ce je m'en tais, en attendant à ung autre temps ; car je croy que l'avrilh en son beau printemps ne produist tant de belles fleurs et verdures diverses, comme ceste princesse nous produist et engendre en toutes saisons de beaux et divers subjectz pour dire tous les biens du monde d'elle. Madame Marguerite de France.

Ces trois sœurs en eurent une petite qui fut nommée Victorie ou Victoyre. Ce nom luy fut donné par M. le légat cardinal Caraffe[2], qui en fut le payrrin, lorsqu'il vint en France pour esmouvoir le Madame Victoire de France[1].

---

1. Victoire, née le 24 juin 1556, morte le 17 août suivant. Sa sœur jumelle Jeanne mourut en naissant.
2. Charles Caraffe, neveu de Paul IV. Il fut étranglé en prison en 1565.

roy à la guerre papalle et italique, et pour présage que ceste guerre et ce voyage aporteroit totalle victoire; mais ceste belle fille mourut incontinant, et ne vint aucunement en maturité, comme ung beau fruit que l'on attend par la belle et blanche fleur qui le promet. Et d'autant que ledict légat, par son beau nom, en avoit présagé quelque chose de bon pour son voyage qu'il pourchassoit, aussi sa mort servist d'augure qu'il ne réussiroit pour bien, et qu'il ne raporteroit grand fruict de victoyre, ainsin que pour lors à la court on en discourust là dessus.

Elle fut bessonne et d'une mesme ventrée avec ung autre qui mourust aussitost née : et ceste Victoire la survesquit quelques mois, dont la reyne leur mère fut en grand danger de mort, ainsin que madame de Lorrayne sa fille, qui mourust pour la naissance de deux bessons.

Madame Diane de France [1].

Je ne veux oublier madame Diâne de France, laquelle, bien qu'elle soit bastarde et naturelle, pourtant nous la pouvons mettre au rang des filles de France, d'autant qu'elle a esté advouée du feu roy Henry son père, et légitimée, et puis partagée et apanagée comme une fille de France : car elle eust la duché de Chastelleraut, et puis la quicta pour estre duchesse d'Angoulesme, dont elle retient asture

---

1. Diane, fille bâtarde de Henri II et de Philippe Duc, demoiselle piémontaise, légitimée de France, mariée 1° en 1552 à Horace Farnèse, duc de Castro, tué au siége de Hesdin, 2° en 1557 à François, duc de Montmorenci, morte le 11 janvier 1619. Voyez son *Oraison funèbre* par de Morgues, 1619, in-8°.

le nom ; et a lieu tous les privilèges qu'ont les filles de France jusques à entrer au cabinet et aux affaires des roys ses frères, et mesmes des roys Charles et Henry troisiesme, car je l'ay veu, comme si elle fust estée leur sœur propre, qui l'aymoient tout de mesme ; aussi avoit-elle beaucoup de la ressamblance du roy Henry son père, tant pour les traictz du visage que pour les mœurs et actions, et toutes sortes[1] d'exercices qu'il aymoit, fust-ce des armes, de la chasse et des chevaux ; car je pense qu'il n'est pas possible que jamais dame ayt esté mieux à cheval qu'elle, ny de meilleure grâce.

J'ay ouy dire (et se list[2]) à aucuns anciens : que le petit roy Charles VIIIe estant en son royaume de Naples, madame la princesse de Melfe luy venant faire la révérance, luy fist veoir sa fille, belle comme ung ange, montée sur ung beau coursier du Règne, le mener et le manier aussi bien et en toutes formes d'airs et de manège, qu'eust sceu faire le meilleur

---

1. Le ms. porte par erreur : *Touies autres.*
2. « Est assavoir que en ces jours, à une après disnée, la fille de la duchesse de Malfy, en la présence de sa mère, en un lieu dit Pouge-Real (Poggio-Reale), sumptueux et magnifique ainsi que dit a esté, icelle fille avoit ung coursier de Peulle (Pouille) et à bride avallée, tant qu'il en pouvoit porter, le fist courir et estrader quatre ou cinq longues courses ; et ce fait, elle fist contourner, virer, saulter et pennader ledict coursier aussi bien ou mieulx que eust sceu faire le mieulx chevauchant du monde. » *Vergier d'honneur,* dans les *Archives curieuses,* tome I, p. 342.— La princesse de Melfi était Jeanne d'Aquaviva, première femme de Jean Caraccioli, prince de Melfi, qui a un article au tome II. Celui-ci eut plusieurs filles ; je ne sais à laquelle s'applique le trait rapporté par Brantôme.

escuyer de là; dont le roy et toute sa court en furent en très-grande admiration et estonnement, pour veoir une telle beauté si adextre [1] à cheval, sans faire aucunement tort à son sexe.

Ceux qui ont veu autreffois madame d'Angoulesme à cheval, en demeurent bien plus ravis et esmerveillez, car elle y estoit si bien née et si propre, et de si belle grâce, qu'elle ressembloit du tout à ceste belle Camille, reyne des Volzques; et ceste-cy estoit très-belle de visage, de corps et de taille, qu'à grand peyne y en voioyt-on la court plus riche que celle-là, et qui s'accommodoit fort bien à ceste exercice; non qu'elle en fist autrement autre estat, ny qu'elle en excédast aucunement la modestie et douceur commune, comme [2] ceste princesse de Melfe, (car elle outrepassoyt un peu la modestie; en tout il la faut observer, et mesmes les fames), sinon quand elle alloit par païs, en y monstrant tousjours quelque gentillesse fort agréable à ceux qui la regardoient.

Je me souviens que M. le mareschal d'Amville, son beau-frère, luy avoit une fois donné ung fort beau cheval, qu'il avoit nommé *le Doctor*, d'autant qu'il se manyoit de pied coy et alloit en avant à courbettes, si justement et si sagement qu'un docteur n'eust sceu estre plus sage en son aller; et voylà pourquoy il se nommoit ainsin; mais j'ay veu madame d'Angoulesme le faire aller plus de trois cents

1. *Adextre*, adroite.
2. Ce qui suit jusqu'à *sinon quand elle alloit* a été ajouté en marge par Brantôme.

pas tousjours ainsin en advant, que bien souvant toute la court s'i amusoit à la veoir; de sorte qu'on ne sçauroit plus qu'estimer, ou sa bonne tenue ou sa belle grace. Et tousjours, pour bailler plus beau lustre, estoit fort bien accoustrée d'un fort beau et riche habillement de cheval, sans oublier surtout le chapeau bien garny de plumes, et à la guelfe porté. Ah! que c'est dommage, quand la viellesse vient à gaster ces beautez et desbaucher telles vertus; car elle a meshuy laissé tout cella, et quitté ces beaux exercices, comme elle a faict la chasse et tous les autres qui luy siézoyent tant, car jamais rien ne luy fut malséant en tous ses gestes et ses mœurs, ainsin que le roy son père, y prenant et peine et plaisir. Pour le bal, pour la danse, elle y estoit fort accomplie, en quelque danse que ce fust, fust qu'elle fust grave ou fût gaye.

Elle chantoit bien, jouoit bien du luc et d'autres instruments; bref, elle estoit bien fille de père en cella comme elle est en bonté, car elle est fort bonne, et qui ne faict poinct de desplaisir à personne, encore qu'elle aye le cœur haut et grand, et l'âme fort généreuse, sage et fort vertueuse, qui a fort aymé et honnoré messieurs ses maritz.

En premières nopces, elle espousa le duc de Castro, de la case Fernèze, qui fut tué à l'assaut d'Hedin; en secondes, M. de Montmorency, qui pour le commencement y fist difficulté, pour avoir promis à madamoiselle de Piennes, l'une des filles de la reyne, belle et honneste fille; mais apprez, pour obéyr au père, qui, fort irrité, l'en vouleust déshériter, par dispence fust absous de sa parolle première et l'espousa¹ : dont il ne perdist au change, encor' que ladite Pienne fust d'une des grandes maisons de France, et des belles, honnestes, vertueuses et sages de la court, et que madame d'Angoulesme aymoit, et l'a aymée tousjours, sans aucune jalouzie des amours passées de son mary et d'elle. Ainsin sçavoit-elle se commander, car elle est fort spirituelle et de bon entendement. Les roys ses frères et Monsieur l'ont fort aymée, et les reynes et duchesses ses sœurs, car elle ne leur faisoit honte nullement, pour estre fort parfaicte en tout.

Le roy Charles l'ayma, parce qu'elle l'accompagnoit en ses chasses et autres exercices joyeux ordinayrement, et qu'elle estoit de bonne et gaye humeur.

Le roy Henry² l'aymoit, parce qu'il cognoissoit qu'elle le recherchoit fort et l'aymoit fort. Lorsque la guerre s'esmeust cruelle aprez la mort de M. de Guyse, saichant le roy son frère en nécessité, elle partist de sa maison de l'Isle-Adam en dilligence, non sans courir grande fortune, estant guettée de touttes partz par le chemin, et luy porta cinquante mille escuz qu'elle avoit réservé du sien, et les luy donna, qui vindrent bien à propoz, et croy qu'ilz luy sont deubz encores; dont le roy luy en sceut si bon gré, que s'il eust vescu il l'heust faict grande, pour avoir ainsin esprouvé son bon naturel à son extrême besoing. Aussi despuis sa mort elle n'a heu au cœur de joye, ny profficté, tant elle l'a regretté et regrette, et couve de vengeance, si son pouvoir estoit

---

1. Voyez tome III, p. 351, 352. — 2. Henri III.

pareil à son vouloir, contre ceux qui l'ont tué. Jamais nostre roy d'annuit ne l'a peu accorder, quelque prière à elle faicte, aveq' madame de Montpensier, pour la tenir coupable de la mort du roy son frère, l'aborrant comme la peste, jusques à luy dire injure une fois devant Madame, la sœur du roy, et luy dire qu'elle ny le roy n'avoient nul honneste subject de l'aymer, sinon d'autant qu'elle estoit cause, par ce meurtre du feu roy, qu'ilz tenoient le rang qu'ilz tenoient. Quelle chasse! Or, j'espère d'en parler ailleurs, par quoy je me tays, pour parler de la dernière fille de France, qui est la petite madame Izabelle de France, fille du feu roy Charles neufviesme, laquelle on peut dire avoir esté ung vray miracle de nature en esprit et en grandeur de courage. Au bas aage qu'elle a vescu, n'ayant pas huict ans lorsqu'elle mourust, elle disoit et racontoit des choses incroyables[2].

*Madame Isabelle de France[1].*

1. Marie-Élisabeth de France, fille de Charles IX et d'Élisabeth d'Autriche, née le 25 octobre 1572, morte le 2 avril 1578.

2. Il y avait ici sur le manuscrit les lignes suivantes que Brantôme a biffées : On luy avoit donné le petit bastard du roy son père, qui est aujourd'huy M. le grand-prieur de France, pour estre nourri aveq'elle, et luy tenir compaignie, pour luy faire passer le temps. Elle dist soudain : « Et quoy! la reyne ma grand'mère et le roy mon oncle le me donnent-ilz aveq' moy pour ce subject? Je n'en veux point; je sçay bien choisir autre compaignie que la sienne, et ne veux pas qu'il face du compagnon aveq' moy; car il n'y a nulle comparaison de sa mère à la mienne; mais bien je le prendray et le tiendray prez de moy pour me dire mes grâces, et me servir d'ausmonnier, comme dédié à l'église qu'il est. » En marge, Brantôme avait ajouté quatre lignes; mais il les a biffées de manière à les rendre à peu près illisibles.

Ceste petite princesse sçavoit bien dire qu'elle estoit des deux plus grandes maisons de la chrestienté, du costé de France et du costé d'Autriche, et si discouroit de ces races aussi jolliment que docteur légiste de France, tant elle avoit estée curieuse de l'aprendre, nommant ses pères, ayeulx, bizayeulx, ancestres, et racontant aucuns de leur plus mémorables faictz.

Une fois, elle estant mallade, le roy son oncle[1] demeura trois jours sans l'aller veoir; au troisiesme, il y alla. Lorsqu'elle le sentist à la porte, elle fist semblant de dormir et se torna de l'autre costé; et, encor' que le roy l'appellast par trois fois, elle fist de la sourde, jusques à ce que madame de Crissé, ma tante et sa gouvernante, la fist tourner vers le roy, envers lequel elle fist de la froide, et ne luy dit pas deux motz : et s'en estant desparty d'aveq' elle, sa gouvernante se courrouceant contre elle, luy demanda pourquoy elle avoit faict ce traict et ceste mine. Elle respondit : « Et quoy! ma mère, com« mant me fust-il esté possible de faire cas de luy, « et luy faire bonne chère, que, despuis trois jours « que je suis mallade, il ne m'a pas veue une fois, « non pas seullement envoyé visiter, moy qui suis « sa niepce et fille de son aisné, et qui ne luy fais « point de déshonneur? »

Elle, toute jeune qu'elle estoit, sçavoit aussi bien garder sa grandeur que si elle fust estée plus aagée. Quand quelques-uns l'aloyent veoir en sa chambre et luy fayre la révérance, elle sçavoit aussi gentiment

---

1. Henri III.

présenter la main pour la faire baiser comme eust faict la reyne sa mère, et tenir sa gravité dans sa chaire, et s'enqueroit fort de ceux qui estoient serviteurs du roy son père, et qu'il favorisoit autant ; et elle leur en faisoit de mesme, en leur faisant bonne chère, jusques à leur dire que, quand elle seroit plus grande et auroit des moyens, elle leur en despartiroit.

Bref, c'estoit le plus grand cœur et le plus grand esprit qu'on vist jamais en jeune petite créature que celle-là. Que dis-je, jeune petite? Elle faisoit honte aux plus aagées, si bien qu'on disoit qu'elle en avoit trop, et qu'elle ne vivroit pas long-temps; comme de vray elle mourust n'ayant pas attainct huict ans[1]. On la pouvoit dire que c'estoit ung beau et bon fruict, advancé et assaizonné avant le temps; aussi ne dura guières. Sur la mort de laquelle aucuns ont doubté et disputé qu'elle avoit esté advancée pour beaucoup de raisons que je ne dis point; mais la plus saine voix de la court ne porte pas cella.

Or, ce m'est assez pour maintenant d'avoir parlé de ces nobles filles de France, ausquelles dès asteure je dis à Dieu, et prendz congé d'elles jusques à la première rencontre, que j'espère en dire encores quelques motz de leurs belles vertus.

1. Lisez : six ans.

# DISCOURS

## SUR LES DEUX REYNES JEHANNES

### DE HIERUSALEM, SCICILLE ET NAPLES.

Pour ne me vouloir point encore distrayre de discours du noble sang de France, il m'a pris fantasie d'escripre des deux reynes Jehannes de Naples desquelles, pour estre sorties de ce noble sang françois, je veux parler; si que le discours qu'on en pourroit fayre d'elles, s'il passoit par une bonne plume et bien disante, en seroit fort beau et agréable, car le subject l'est tel.

*Jeanne Ire, reine de Naples [1].*

Je commanceray donq' par la reyne Jehanne premiere, fille du roy Robert, extraict de ce brave ro-

---

1. Jeanne Ire, reine de Naples, fille de Charles, duc de Calabre et de Marie de Valois, née en 1326, mariée le 26 septembre 1333 à André, fils puîné de Charobert, roi de Hongrie, succéda (1343) à Robert, qui était non pas son père, comme le dit Brantôme, mais son aïeul. En 1345, elle fit étrangler André et épousa (1347) Louis, prince de Tarente. Obligée d'abandonner ses États envahis par Louis, roi de Hongrie, frère d'André, elle se retira quelque temps en Provence, et, après des alternatives de succès et de revers, recouvra son royaume (1352). Louis de Tarente étant mort (1362), elle se remaria la même année au fils de Jacques II, roi de Majorque, Jacques d'Aragon à qui, dit-on, elle fit trancher la tête (1374). Elle épousa (1376) Otton de Brunswick, et fut déclarée déchue par Urbain VI (1380) qui appela contre elle, de Hongrie, Charles de Durazzo, dit Charles de la Paix. Celui-ci s'empara de sa personne (1380), et, après l'avoir gardée en prison quelque temps, la fit mettre à mort le 22 mai 1382.

Charles premier, duc d'Anjou, roy de Naples, et frère au bon roy sainct Louis, dont je m'estonne que tant de bons et sçavans escrivains qui estoient de ce temps là, et mesme ung Boccace et ung Pétrarque, ne se sont mis à en escripre. Il est bien vray que celluy qui a escript l'*Hystoire de Naples*[1] en a assez dict, voire trop; car il ne s'est amusé qu'en dire mal d'elle, scelon la coustume des hystoriographes italiens, qui ont estés grandz larrons de la gloyre et louanges de noz François. Voyci donq' ce qu'en dict cest hystorien, qu'elle fust fort addonnée à l'amour.

Elle eut pour son premier mary Andréasse, son cousin en second degré; et, après avoir tenu le royaume ensemble, elle s'en fascha; et estant tous deux en la ville d'Averssa, elle l'envoya quérir une nuict, soubz couleur de luy vouloir parler d'affaire nouveau advenu; et, en allant à elle, se rencontrant soubz un potheau[2] qu'estoit là, fut pris et estranglé, par la vollonté et charge de la reyne, audict potheau; plusieurs disent, parce qu'il ne fournissoit pas beaucoup, au gré de la reyne, à ses besougnes de nuict, encores qu'il fust jeune, gaillard et en bon poinct, ainsin que l'apétit désordonné de la dame l'eust vouleu. Et se conte encores, et à Naples et ailleurs, que ladicte dame, faisant ung cordon d'or ung jour assez gros, Andreasse luy demanda pourquoy elle faisoit ce cordon. Elle luy respondist en soubzriant qu'elle

---

1. Collenuccio. Brantôme a ici, comme précédemment, copié la traduction de Denis Sauvage, liv. V, f⁰⁵ 102 v⁰ et suiv.

2. Le texte dit : ad un certo verrone (balcon) overo poggiolo.

le faisoit pour le pendre. Elle en tenoit si peu de conte, qu'elle ne craignoit de lui tenir telles parolles, ausquelles Andreasse, comme simple et bon hommenas qu'il estoit, n'y print point garde; mais enfin l'effect s'en ensuyvist; de quoy pourtant elle en fist ses excuses au roy Louys d'Hongrie, frère d'Andreasse; néantmoins ledict roy ne les prist en payement, mais aveq' une simple lettre luy escript ces motz :

« *Ta vie désordonnée précédente, la seigneurie du royaume que tu t'es toujours retenue entre mains, la vengeance de ceux qui avoient tué ton mary non poursuyvie, l'autre mary qu'incontinant tu as espousé, et l'excuse que tu m'as despuis envoyée, sont pleines preuves que tu as esté participante et complice à la mort de ton mary.*

Elle espousa aprez, et aussitost, ung de ses cousins, filz du prince de Tarante, qu'elle avoit fort aymé durant son mary, qu'elle traitta bien; et demeura aveq' elle trois ans en fort grande amityé; mais il mourust tout exténué de s'estre excessivement et trop souvant employé au service de la reyne, en faveur de la dame Vénus.

Elle espousa apprès, pour son tiers mary, ung nommé Jacques de Tarancon, infant de Majorque, qui estoit pour lors tenu le plus délibéré, dispost et beau personnage qui se trouvast en la place, qu'elle ne voulust pourtant qu'il portast tiltre de roy, ains de simple duc de Callabre; car elle voulloit seulle dominer et regner, et ne vouloit plus avoir de compaignon, ainsin qu'elle faisoyt bien; et luy monstra

bien aussi; car, ayant sceu qu'il s'estoit donné à
ung autre femme (malheureux qu'il estoit, car de
plus belle n'en pouvoit-il choisir que la sienne), luy
fist trancher la teste, et ainsin mourust.

Pour son quatriesme mary, elle print Othon de
Brunzvik, de la race de Saxe, lequel estoit ung grand
capitaine, et pour lors aux appoinctemens de l'Eglise;
et c'est pourquoy l'empereur Charles, comme j'ay
ouy dyre, luy ne s'en estant advisé plus tost, ayant
faict amas de forces en Allemaigne, soubz le duc de
Brunzvik, pour aller secourir Naples contre M. de
Lautreq, se ravisa à mi-chemin, et ne voulust qu'il
passast outre, ains qu'il s'en retournast, craignant
qu'estant là, prétendant quelque droict sur ce royaume, à cause de cest Othon, son ancestre, ne fist
quelque révolte, et luy nuysist là grandement.

Or, advint qu'au bout de quelque temps le roy
Louys d'Hongrie, poussé, et de luy, et d'autres du
royaume de Naples, qui l'apellarent pour venger la
mort de son frère, envoya une fort grosse armée
contre ceste belle reyne, en laquelle Charles de Durazzo fut général; et, s'estant assignée et livrée bataille, Othon, mary de la reyne, faisant ce jour merveilleux faictz d'armes, monté sur ung grand et fort
courcier, fust blessé et cheut dessoubz luy, fut pris
et mené à Charles, auquel il se rendist.

La reyne, voyant le changement de la guerre, et
que d'ailleurs ne pouvoit avoir secours, et que l'espérance luy en failloit, obtint de Charles de pouvoir
parler à luy; pourquoy faire Charles alla au jardin
du chasteau de la reyne, où elle luy fist la révérance
fort bas, comme il est requis que le vaincu la face

au vaincueur (quel crève-cœur pourtant![1]), et luy dist telles paroles : *Je vous ay jusques asture tenu pour mon filz; mais, maintenant, puisqu'il plaist à Dieu, je vous recongnois et tiens pour mon seigneur. Par quoy je vous recommande mon honneur et celluy de mon mary Othon.* A quoy Charles luy respondist : *Je vous ay tousjours aymée comme mère, et ainsin l'entends. Je feray à l'advenir que j'auray vostre honneur, et celluy de vostre mary, pour recommandé.* Et allors la reyne se rendist à luy. Cependant fut envoiée lors, honnorablement accompaignée, en autre lieu, soubz bonne garde, et puis la nouvelle de la prise de la reyne envoyée au roy, de la conqueste du royaume. Estant demandé au roy, pour avoir l'advis de ce qu'on avoit affaire de la personne de la reyne, envoya à Charles deux de ses barons, pour luy congratuler de sa victoire, et fist responce qu'il debvoit mener la reyne au lieu propre auquel elle avoit faict estrangler Andréasse, et qu'en ce mesme lieu, et en mesme manière, il la fist pendre et estrangler : ce qui fust faict, et le corps fut porté à Saincte-Claire de Naples ; et, aprez avoir esté trois jours morte sur terre, fut enterrée, et les deux barons, en ayant veu l'exécution, en portarent les nouvelles en Hongrie.

Apprès, fust couppée la teste à madame Marie, seconde sœur de la reyne, femme mal pudique, et diffamée d'avoir esté participante à la mort d'Andréasse.

Ceste Marie fust celle dame qui fut femme de Ro-

---

1. Ces mots ont été rajoutés en marge par Brantôme.

bert d'Artois, et aymée de Boccasse[1], qui pour lors florissoit, pour laquelle il escrivit en sa langue vulgaire ces deux livres tant excellens : *La Flammette*, et *le Philoccope*[2]. »

Voylà ce qu'en dist l'historien de Naples. Encor', aprez avoir faict ce qu'il a peu pour la détracter, il ne se peut garder de dire : « Telle fust et telle prist « fin la reine Jeanne première du nom, arrière-fille « du roy Robert, fort estimée en prudence et valleur « par beaucoup d'autheurs, et haut louée de Baldus « et Angelus[3], frères, docteurs en droictz très-fameux, « en aucuns de leurs traictez et conseilz[4]. »

Or sur ce discours passé j'ay ouy à Naples, et ailleurs, louer fort ceste reyne, et n'en dire le mal que

---

1. Collenuccio a commis ici deux erreurs que répète Brantôme. La Marie qui fut aimée de Boccace et mise à mort en 1382, était fille naturelle du roi Robert, et par conséquent tante et non sœur de Jeanne. Son mari n'était point Robert d'Artois, mais un gentilhomme napolitain. (Voyez Baldelli, *Vita di Giov. Boccaccio*, 1806, in-8°, p. 22.)
Jeanne avait bien une sœur cadette du nom de Marie, qui s'était mariée trois fois : 1° à Charles de Sicile, duc de Duras ; 2° à Robert des Baux qu'elle fit tuer ; 3° à Philippe de Sicile, prince de Tarente ; mais elle était morte en 1366, c'est-à-dire seize ans avant le supplice de Jeanne.
2. La *Fiametta* et le *Philocolo* (ou *Philocopo*) ont été traduits en français au seizième siècle ; le premier ouvrage par Cl. Nourry (1532), puis par Chappuis (1585) ; le second par Ad. Sevin (1575).
3. Baldus de Ubaldis et son frère Angelus Baldus, célèbres jurisconsultes du quinzième siècle, nés à Pérouse, morts, dit-on, le même jour, en 1400, suivant les uns, en 1433, suivant d'autres.
4. Brantôme se garde bien de citer ce que Collenuccio (trad. Sauvage) ajoute : « Combien qu'un autre jurisconsulte néapolitain, de son temps, la nomme ruine et non royne du royaume de Na-

faict cest autheur manteur, mais l'excuser fort, à de gallans hommes discoureurs, autant que l'autre l'a blasmée. Car quand à luy reprocher ses quatre marys, et pour ce la tenir impudique, on ne sçauroit, puisque le mariage est si bon et si sainct, estant ordonné de Dieu, et aussi qu'il valloit bien mieux qu'elle se mariast qu'elle se brullast[1], ou, qui pis est, qu'elle se prostituast et abandonnast à l'un et à l'autre d'aucuns amoureux, comme l'on a veu et veoit-on de nostre temps plusieurs reynes, princesses et grandes dames, soit estant filles, soyent veufves, faire l'amour à outrance, et paillarder aveq' qui bon leur sembloit et semble de ceux de leur royaume, plustost que de se marier, fuyant ce mariage sainct et permis, plustost que la paillardise deffendue ; ce que la reyne Jehanne n'a ensuyvy ; car pour le moins, si elle brusloit du chaut désir de la chair, elle le passoit honnestement aveq' ses marys.

Quand à Andréasse qu'elle fit mourir, on dict que c'estoit ung Hongre[2] yvrongne, très-dangereux et malicieux, en faisant son simple et son nyais, comme vollontiers telles gens le sont, plus que les habilles et honnestes, et qui la vouloit faire mourir pour estre seul roy ; mais elle gaigna les devantz, et joua à la prime, ainsin que le droict de nature le permet,

---

ples, mettant ces deux versets au mespris du gouvernement des femmes sur un royaume :

Regna regunt vulvæ, gens tota clamat simul : oh veh !
Interitus regni est a muliere regi.

1. Melius est nubere quam uri. S. Paul, ép. I aux Corinthiens, chap. vii, 9.

2. *Hongre*, Hongrois.

qu'il vault mieux prévenir que d'estre prévenu, et mesmes en matière de vie.

Touchant à son cousin, le filz du prince de Tarante, qui mourust par trop exténué, elle n'en peut mais, puis qu'on ne sçauroit engarder aucun qui ne s'enyvre de son vin propre : et après, qu'en peut mais le vin, s'il a donné la venue à son maistre et beuveur? Il ne l'en faut blasmer, sinon le maistre qui le boit. Je ne doute pas que la grande beauté de ceste belle reyne, sa grâce, sa majesté, ses façons, ses doux attraictz et plaisans allèchemens, ambrassades et attouchements, ne fissent efforcer ce jeune homme à faire plus que ne pouvoit nature; mais cest effort venoit de luy, et non d'elle; car en cella la femme ne peut forcer de force l'homme, ny à coups de baston, par manière de dire. Il faut que le tout vienne de l'humeur de l'homme, de la force de son effect, et surtout de son ardante convoitise. Et quand bien tout cella ne seroit, et commant pouvoit-il mieux mourir sinon en bien servant sa reyne et sa dame, et luy monstrant l'ardante affection qu'il luy portoit, puis qu'il n'espargnoit point sa peyne, ses forces, sa violence, et que pour la bien contenter, et luy donner du plaisir, il mouroit pour l'amour d'elle, et dans le camp amoureux de son lict, où il avoit si vaillamment combattu et exposé pour l'amour d'elle, et si libérallement, sa vie?

On list que Médor et Claridan[1], lorsqu'ilz assaillirent si furieusement le camp de Charlemaigne, tuarent ung seigneur d'Albret dans sa tante, entre

---

1. Cloridan.

les bras de son amie, qu'il tenoit cette nuict là couchée avec luy et embrassée; dont ung chacun l'en estima très-heureux de mourir si délicieusement[1].

Que pouvoit donq' estre ce prince, pour mourir si heureusement, en bien servant sa reyne, sa femme et sa cousine?

Pour le regard de son tiers mary, l'infant de Majorque, auquel elle fist trancher la teste pour avoir viollé son lict, et l'avoir quictée, pour avoir esté surpris sur ung autre, encor qu'on die qu'il mourust de sa mort naturelle pourtant, ce dit l'hystoire; mais passe, je veux qu'elle luy aye faict ceste justice. N'avoit-elle pas raison d'en punir l'adultère, puisqu'il n'avoit pas plus de loy ny puissance de la commettre en son endroict, qu'elle à luy? Car scelon Dieu, ceste loy est commune et rigoureuse aussi bien au mary qu'à la femme. D'avantage, s'il l'heust trouvée en cas pareil, qu'en heust-il faict? Je m'en raporte aux gens jalloux et chatouilleux en cella. Encor' qu'il ne fust point roy absolu, ny ayant grade ny authorité, sinon pour l'amour d'elle, il ne faut point doubter qu'il ne l'eust faicte mourir. Et voylà pourquoy elle fist bien de luy faire pâtir la loy que, par advanture

1.     Venuto era ove il duca di Labretto
      Con una dama sua dormia abbracciato,
      E l' un coll' altro si tenea si stretto,
      Che non saria tra lor l' aere entrato.
      Medoro ad ambi taglia il capo netto.
      Oh felice morire! oh dolce fato!
      Che come erano i corpi, ho cosi fede,
      Ch' andar l' alme abbracciate alla lor sede.
            *Orlando furioso*, cant. XVIII, st. 179.

et sans doubte infallible, il luy eust faict pâtir; qu'est la cause qu'elle usa de son pouvoir royal, estant reyne de soy, et bien absolue.

Et quand bien toutes ces raisons ne seroient, et qui est le juge, tant doux soit-il, qui n'eust condampné ce malheureux d'avoir viollé sa foy à la plus belle reyne, princesse et dame du monde de ce temps-là, et luy avoir faussé compaignie, et s'estre desrobé pour aller habiter aveq' un' autre qui ne la valloit pas en la moindre partie de son corps? Misérable qu'il estoit! c'estoit tout ainsin qu'un, qui, pour estaindre sa soif, dellaisse la claire et nette fontayne, pour aller boyre dans une mare salle, boueuse et toute vilaine. Je dis donq' aveq' tous ces honnestes discoureurs, que ce malheureux mourust justement, et scellon son ingratitude; car ingrat estoit-il, puisque de simple prince elle l'avoit faict roy et son mary, dont les plus grands de la chrestienté s'en fussent allors contantez. En quoy beaucoup de dames doibvent prendre bon exemple, qui eslèvent beaucoup de petitz compaignons, et leur font cest honneur de les prendre pour maris, et les obligent de la vie, de leurs biens et leurs honneurs, que, quand ilz viennent à leur faire ung faux bon, à les vouloir maistriser comme leurs maryz, et à leur user de leur prérogatives, et bien souvant les gourmandent, les mesprisent et attentent sur leur vie, elles les doibvent prévenir et s'en deffaire en quelque façon que ce soit, comme disoit ung gallant homme que je sçay; car il n'y a rien si insupportable qu'ung joug donné et imposé de celluy que l'on a faict et eslevé. Mais je ne veux pas que tout cella soit de cest infant de

Majorque, car il n'en est rien. Il en faut accuser l'escripvain de l'*Hystoire de Naples*, qui se nomme Pandolfo Collennicio, qui en ha parlé par trop désavantageusement pour ladicte reyne; et pour ce, ne le faut croyre : nous croyrons plustost Froissard, encor' qu'il fust Anglois; mais pourtant, en ses escritz il ne flatte point tant les Angloix qu'il ne die beaucoup de bien des François, ce que n'ont faict vollontiers les hystoyres italiennes.

Voyci donq' ce qu'en dict Froissard, qui estoit de ce temps là, que ce James, ou Jacques, de Majorque, le roy d'Arragon [1] luy ayant envahi son royaume de Majorque, et faict mourir son père en prison à Barselonne, en voulut avoir raison; et pour ce la guerre s'estant esmeue contre le roy d'Arragon et Castille, il s'en y alla aveq' le prince de Galles, et le vint trouver à Bourdeaux; mais la fortune luy fust si contraire, qu'il fut pris dedans la ville de Valledolit, aux reconquetz que le roy Henry de Castille [2] fist en Hespaigne; et fut faict prisonnier dudict roy Henry, auquel il se rendist, le priant de luy donner sa foy et ne permettre qu'il tumbast ez mains du roy d'Arragon, son ennemy mortel, qui estoit là assistant audict roy de Castille; ce qu'il luy promist; et luy tint très-sainctement sa foy et sa parolle, et luy demeura son prisonnier. Quand sa femme, la reyne de

---

1. Pierre IV d'Aragon s'empara en 1343 de Majorque et de Minorque sur Don Jayme II, qui ne mourut point en prison, mais fut vaincu et tué en 1349, dans une tentative pour recouvrer ses Etats.

2. Henri de Transtamare.

Naples, et la marquise de Montferrat sa sœur[1], le sceurent, en furent fort désolées, et firent tant par allées et menées d'habilles gens devers le roy Henry, qu'il fut mis à rançon de troys cents mill' florins, desquelz lesdictes deux dames payèrent si courtoisement que ledict roy Henry leur en sceut gré. Ainsin en parle Froissard, usant de ces motz sans que les aye changés[2] : Et par ainsin en fut contant, et puis s'en retourna à Naples ; et, désireux encor' de venger la mort de son père et la détention de son royaume, il alla trouver le pape Grégoyre[3] en Avignon : et fist tant qu'il amassa gens de toutes nations qui luy coustarent bon, comme François, Anglois, Allemans et Bretons ; et, passans par Navarre, allant en bonne opinion et vollonté de faire la guerre, il tumba mallade à Val-de-Sorie, où il mourut.

Voylà ce qu'en dict Froissard et l'autre tout le contraire. Ledict Froissard dit cella en son premier volume : puis, en son segond[4], il raconte comme

1. Élisabeth, seconde femme de Jean II Paléologue, marquis de Montferrat.
2. On ne doit pas prendre à la lettre ce que dit Brantôme ; car il n'a point reproduit textuellement le texte de Froissart, qu'il a abrégé. Voyez Froissart, liv. I, part. II, chap. 96, 250 et 337 ; édit. du *Panthéon*, t. I, p. 519, 549 et 632.
3. Grégoire XI.
4. Voyez Froissart, liv. II, chap. l, édit. du *Panthéon*, tome II, p. 62. Comme l'a fait remarquer M. Buchon, ce récit du chroniqueur est rempli d'erreurs. — Dans une phrase que Brantôme a supprimée, Froissart donnait pour père à Jeanne, Louis, roi de Sicile. — Charles de Calabre n'a pu tenir le discours qu'il lui prête ; car il mourut avant son père. — André, mourut, comme nous l'avons dit, non pas à Aix, mais à Aversa. Enfin, Jeanne avait eu de lui

ladicte reyne vint trouver le pape Clément[1] à Fondy; et dict comme, estant devant luy, elle s'humilia moult devant le pape, et se confessa à luy, et luy monstra toutes ses besongnes et jeu sans villenie[2]. Froissard use de ces propres mots : et se descouvrist de ses secretz à luy; et puis luy commança ainsin sa harangue, que je diray par mesmes motz dudict autheur, sans le changer.

« Père sainct, je tiens plusieurs grands héritages
« et nobles, telz comme le royaume de Naples, de
« Scicille, Pouille, Callabre et la conté de Provence.
« Mon père, luy vivant, il recongnoissoit toutes ces
« terres de l'Eglise; et me prist par la main au lict
« de la mort, et me dict : « Ma belle fille, vous estes
« héritière de moult riches et grands païs et croy
« bien que plusieurs grands seigneurs tendront à
« vous avoir à femme, pour les beaux héritages et
« terres que vous tindrez. Or, veuillez user de mon
« conseil, et vous mariez à si haut prince, qu'il soit
« puissant de tout tenir en paix et voz héritages : et
« s'il advient ainsin, et que Dieu le consente, que
« vous n'ayez nulz hoirs, si remettez tous voz héri-
« tages entre les mains du Sainct Père qui pour ce
« temps sera; car le roy Robert, mon père, au lict
« de sa mort le me chargea; par quoy, ma belle fille,
« je vous l'en charge et je m'en descharge. » Et
« adonq', Père Sainct, je luy promis par ma foy,

un fils posthume, Charles-Martel, mort en Hongrie, à deux ans, et son second mari fut non pas Charles, mais Louis de Tarente.

1. Clément VII.
2. Brantôme a rajouté en marge : Ce mot met en cervelle force autres fringantes.

« présens tous ceux qui en la chambre pouvoient
« estre, que je luy accompliroys tout son dernier
« desir. Vray est, Père Sainct, qu'après son tres-
« pas, par le consentement des nobles de Scicille et
« de Naples, je fus mariée à Andry d'Hongrie, frère
« au roy Louys d'Hongrie, duquel je n'ay eu nulz
« hoirs, car il mourust jeune homme, à Aix en Pro-
« vence.

« Despuis sa mort, on me maria au prince de Ta-
« rante, qui s'appelloit messire Charles; et en heuz
« une fille. Le roy d'Hongrie, pour la desplaisance
« qu'il heust du roy Andry, son frère, fist guerre à
« mon mary, messire Charles de Tarante, et luy vint
« tollir Pouille et la Callabre, et le prist en bataille
« et le mena prisonnier en Hongrie; et là mourust.

« Et puis, par accord des nobles de Scicille, je
« me remaryay au roy James de Majorque, et man-
« day en France messire Louys de Navarre[1], pour
« espouser ma fille; mais il mourut sur le chemin.

« Le roy de Majorque, mon mary, se despartist
« d'avecques moy, en intention et vollonté de re-
« conquérir son héritage de Majorque que le roy
« d'Arragon luy tenoit à force; car il en avoit dés-
« hérité et faict mourir son père en prison[2]. Bien
« disois-je au roy mon mary qu'estois dame assez
« puissante de richesses pour le tenir en tel estat
« qu'il voudroict; mais tant me prescha et monstra

---

1. Louis de Navarre, comte de Beaumont-le-Roger.
2. Pierre IV, roi d'Aragon. — Le père de l'époux de Jeanne, comme nous l'avons dit plus haut, p. 158, note 1, n'est point mort en prison.

« tant de belles raisons, en desirant à recouvrir son
« héritage, que je m'absentis[1] ainsin qu'à deue vol-
« lonté qu'il fist son plaisir; et à son partement je
« luy enjoignis et enhortay[2] espéciallement qu'il
« allast devers le roy Charles de France[3], et luy
« monstrast ses affaires, et s'ordonnast du tout par
« luy, et du tout n'a-il rien faict; dont luy est mal
« advenu; car il s'en alla rendre au prince de Galles,
« qui luy promist de luy ayder, et eut greigneur[4]
« fiance au prince de Galles qu'au roy de France à
« qui je suis de lignage.

« Cependant qu'il estoit sur son voyage, j'escrivis
« au roy de France, et luy envoyé grands messages,
« en luy priant qu'il me voulust envoyer ung noble
« homme de son sang, auquel je puisse ma fille ma-
« rier, parquoy noz héritages ne demourassent sans
« hoirs.

« Le roy de France entendist mes parolles, dont
« luy en sceu bon gré. Et m'envoya son cousin, mes-
« sire Robert d'Artois, lequel eust ma fille espousée.
« Père Sainct, au voyage que le roy de Majorque
« mon mary fist, il mourust. Je me suis remariée à
« messire Othon de Brunzvik. Et, pourtant que mes-
« sire Charles de la Paix[5] a veu que revestis de mon
« héritage, en son vivant, messire Othon, il nous a

1. *S'absentir* ou *s'assentir*, consentir.
2. *Enhorter*, exhorter.
3. Charles V.
4. *Greigneur*, plus grande.
5. On avait surnommé ainsi Charles de Duras, depuis un traité de paix qu'il avait fait conclure entre les Vénitiens et les Hongrois.

« faict guerre; et nous a pris au chastel de l'OEuf,
« lors que la mer estoit si haute, qu'elle nous pouvoit
« adonq' couvrir, s'il nous sembloit[1]. Si fusmes à
« celle heure si effrayez, que nous nous rendismes à
« messire Charles de la Paix, tous quatres sauves,
« noz vies. Il nous a tenu en prison, mon mary et
« moy, ma fille et son mary; en tant[2] est advenu que
« madicte fille et son mary y sont mortz. Et despuis,
« par traitté, nous nous sommes dellivrez par tel si[3] :
« Pouille et Callabre luy demourent, et tant[4] à venir
« à l'héritage de Naples, de Scicille et de Provance,
« et quiert partout alliances; et forcera le droict de
« l'Eglise si tost que je seray morte, et au moins il
« en fera son plain pouvoir. Par quoy, Père sainct,
« je me veux acquitter envers Dieu et vous, et ac-
« quitteray les ames de mes prédécesseurs; si vous
« raporte et metz en vostre main dès maintenant
« tous les héritages qui me sont dheuz de Scicille,
« Naples, Pouille, Callabre et Provence, et les vous
« donne à en faire vostre vollonté, pour les donner
« et hériter qui vous voudrez et que bon vous sem-
« blera, qui obtenir les pourra contre nostre adver-
« saire Charles de La Paix. »

« Le pape Clémant receut les parolles en très-
grand bien, et le don en très-grand' révérance » (il
fust esté bien chaut s'il ne l'eus prys, le galant[5] !) et
luy dist :

1. Brantôme a supprimé un membre de phrase où Froissart
fait dire à Jeanne qu'elle fut prise par enchantement.
2. *En tant*, entre temps.
3. *Si*, accord. — 4. *Tant*, tend.
5. Cette parenthèse a été ajoutée en marge par Brantôme.

« Ma fille de Naples, nous en ordonnerons telle-
« ment que les héritages auront héritier de vostre
« sang, noble et puissant, et fort assez pour résister
« contre tous ceux qui luy vouldroyent nuyre. » —
« De toutes ces parolles, ces dons et ces dellaissemens,
on en fist instruments publiqs et authentiqs, pour
demeurer les choses au temps advenir en droict,
et pour estre plus patantes à tous ceux qui en oy-
royent parler. »

Voilà ce qu'en dict Froissard en son second volume, qu'il faut plustost croyre que cest historien de
Naples, qui a voulu faire comme les autres hysto-
riens estrangiers, qui ne parlent jamais à l'advantage
des François; mesmes celluy là, qui a dict pis que
pendre de ceste belle princesse, d'autant qu'elle
estoit françoyse et du noble sang de France, lequel
jamais, ny à Naples ny en Itallie, n'a esté bien venu
ny reçeu. Crois donq' Froissard, qui a faict ceste
reyne parler en confession au pape, et a esté curieux
de recueillir ses propres motz prononcez de sa bouche, qui apertement a voulu déclairer ainsin sa vie.
Je ne dis pas qu'il ne taise quelques traictz de sa vie,
comme de la mort d'Andry et autres petitz traictz,
comme d'amour et d'autres; mais tant y a que jamais elle ne fust si meschante ny desbordée comme
le dict ce bel et sot hystorien napolitain.

Pour le quart mary de ladicte reyne, qui fut
Othon, elle ne se fist nullement tort de l'espouser,
le congnoissant d'une des grand' maisons de la
chrestienté et grand cappitayne. Elle avoit besoing
d'un tel homme pour ses affaires, qui l'honora et la
servist très-bien. Ses services le monstrarent bien;

ce qu'elle recogneust si bien, que sur sa fin elle implora et intercéda tellement pour luy, qu'il heust la vie sauve, et la pauvrette souffrit la mort.

Je vouldrois bien sçavoir si, sur toutes ces raisons là alléguées par honnestes gens, ceste brave reyne aye mérité d'estre ainsin callomniée durant sa vie, et de l'avoir ainsin faicte mourir. Aussi Dieu, juste vengeur des mortz innocentes, vengea la sienne, et sur le Hongre et sur Charles Durasso, à qui Marguerite, maisnée[1] seur de la reyne Jehanne, arrière-fille du roy Robert, luy estant allé à Bude, et illeq invité par la reyne à ung banquet, en fainctes caresses, pendant qu'il beuvoit, luy fut donné ung coup de hache sur le chinon du col par l'ordonnance de la reyne, et fut ainsin tué[2].

Voilà ung juste jugement de Dieu, et une noble et brave princesse vengeresse de son sang et innocent. Voyllà aussi la fin de ceste brave reyne qu'on a calumniée bien légièrement.

Possible[3] aussy que, par permission divine, les successeurs de cet Hongre, et les Hongres aussi ses subjetz, ont souffert les maux des Turcs qui leur sont

1. *Maisnée*, puînée.
2. Il y a ici plusieurs erreurs : La sœur puînée de Jeanne s'appelait Marie et non Marguerite. La fille de celle-ci et de Charles I<sup>er</sup> de Duras, Marguerite, épousa son cousin Charles de Duras dit de la *Paix*, qui devint roi de Naples, après le supplice de Jeanne. Appelé par les Hongrois mécontents du gouvernement de la reine Marie et de sa mère Élisabeth, il fut couronné roi de Hongrie le 31 décembre 1385; mais fut assassiné le 5 février suivant par ordre de celle-ci, et mourut trois jours après.
3. Cet alinéa a été ajouté en marge par Brantôme.

arrivez despuys. Il se peut croyre, et que ce beau sang espendu n'aye là haut crié vengeance.

J'ay veu sa sépulture dans Sainte-Claire à Naples, que les dames et sainctes religieuses du monastère révèrent et honnorent fort, et en font de belles et sainctes prières pour son âme, la louant fort, et la mettant au rang des sages, bonnes et vertueuses princesses de la chrestienté, ainsin qu'on list dans l'*Histoyre d'Anjou*[1], où il est dit qu'estant ce grand schisme[2] de l'Église nuisible pour toute la chrestienté, entre autres princes qui tindrent pour Clément estoient le roy de France, ses frères, et la bonne reyne Jehanne de Scicille et de Naples, la nommant ainsin, laquelle vint veoir le pape Clément, duquel, et de tous les cardinaux, fut honnorablement receue (ce dict le livre), et qu'elle estoit tenue de saincte vie.

Et aprez qu'elle heust séjourné quelque temps, elle requist au Sainct Père qu'il la ouyst en confession et l'absolust de ses péchez : ce que le pape vollontiers et benignement luy accorda, comme certes elle ne debvoit estre esconduitte d'une si douce et agréable requeste ; car telle beauté méritoit bien une confession seccrette et auriculaire et oculayre, et une absolution et pénitence légière et aysée à porter.

Apprès ceste confession faicte en présence de Sa Saincteté et du sainct collège des cardinaux, ladicte reyne déclaira publiquement qu'elle tenoit plusieurs terres et pocessions de l'Eglise, lesquelles son sei-

---

1. Voyez Bourdigné, f° cxxii.
2. Le schisme qui éclata à la mort de Grégoire XI en 1378 et dura jusqu'en 1429.

gneur et père disoit avoir heues et usurpées, et que, travaillant[1] à la mort, l'avoit priée et enjoincte que, si elle décédoit sans enfans, qu'elle résignast tous et chacuns ses biens ez mains du pape qui pour lors seroit, car ainsin avoit estably le roy Robert son ayeul par ordonnance testamentaire : puis luy remonstra les mauvais tours et ingratitudes que luy avoit faict son nepveu Charles de Durazzo, et comme par plusieurs fois il l'avoit voulue faire mourir pour avoir son bien ; et pourtant elle, désirant observer la dernière vollonté de ses père et ayeul, en la présence de toute la noble assemblée, résigna et céda tout ès mains du pape, tant les royaumes de Scicille, Naples, les duchez de Pouille et Callabre, et la conté de Provence (tout cecy se raporte aux parolles de Froissard, mais bien gasté) ; ce que le pape accepta ; et par son conseil elle addopta Louys duc d'Anjou[2], pour filz. Et de tout furent faictes cartes et lettres en forme authentiques ; mais pourtant le pape heust en lettre de vendition la conté d'Avignon d'elle, qui estoit son vray patrimoyne, déduisant la valleur des deniers de ceux du royaulme non payez despuis le jour qu'elle fust couronnée : et, despuis ce temps jusques asture, Avignon a tousjours esté et est encor' à l'Eglise. Je[3] m'en raporte aux grands légistes si ceste donation peut encor tenyr.

1. *Travaillant à la mort*, étant aux approches de la mort.
2. Louis, duc d'Anjou, fils de Jean II, roi de France, né le 25 juillet 1339, fut adopté en 1380 par la reine Jeanne, couronné le 10 mai 1382 à Avignon par le pape Clément VI, et mourut à Biselia près de Bari le 21 septembre 1384.
3. Cette phrase a été rajoutée en marge par Brantôme.

Cela faict, la reyne print congé du pape, et s'en retourna en son royaulme, où Charles de Durazo, au bout de quelque temps la print prisonnière, et secrettement la fit estoufer entre deux coyttes[1], ayant sceu l'adoption qu'elle avoit faicte.

Voylà le genre de mort raconté par cest' hystoire angevine, tout autre qu'elle n'est en l'*Histoire de Naples*, laquelle pourtant est la plus vraye que l'angevine, touchant ceste mort.

Or, voicy ce qu'en dit Boccace, en son livre des *Dames illustres*, d'elle sur ses louanges[2]: « Cette « reyne a si bien nettyé[3] son pays de volleurs et ban- « dolliers, que non seullement les pauvres, mais les « riches, peuvent aller partout asseurément; car, où « elle les sçavoit sauvez dans quelques forteresses à « seureté, elle y envoyoit une armée soudain, que « jamais elle ne s'en est levée[4] qu'elle ne les eust pris « et faict punir rigoureusement.

« Au reste, elle a tellement rangé en bride les « princes et barons du païs et par telle modestie « corrigé leurs coustumes dissolues, que ceux qui pa- « ravant tenoient peu de conte de leurs roys, aujour- « d'huy, ayant mis bas leur antique braveté, redou-

1. *Coytte*, couette, lit de plume.
2. L'extrait que donne Brantôme de l'ouvrage *de Claris mulieribus* de Boccace est tiré de l'avant-dernier chapitre (chap. cv) du livre, et il a copié à peu près textuellement la traduction de frère Luc-Antonio Ridolfi, publiée à Lyon, 1551, in-8°, sous le titre de : Boccace, *Des Dames de renom*.
3. *Nettyé*, nettoyé.
4. *Que jamais elle ne s'en est levée*, c'est-à-dire qu'elle ne leva jamais le siége.

« tent chacun des plus petits signes de son courroux
« en la regardant. Au surplus, elle est tant sage, ad-
« visée et prudente qu'elle pourroit plustost estre
« trompée par thraïson que par subtilité d'esprit, et
« est aussi tant constante et arrestée, que mal aisé-
« ment la pourroit-on esbranler de sa saincte déli-
« bération. De toutes lesquelles choses jà longtemps
« a faict aparoir clairement les assautz que Fortune
« luy a livrez, et desquelz a esté plusieurs fois envi-
« ronnée et molestée et diversement affligée ; car elle
« a esté tourmentée de la querelle domestique des
« frères du roy, et quelquesfois a senty les guerres
« estrangères au millieu de son royaume, essayé[1] par
« la faute d'autruy la fuitte, l'exil, les cruelles mœurs
« de quelques maris, la hayne de ses nobles, le mau-
« vais traict[2] non mérité, les menaces des papes et
« autres infinies adversitez, que néantmoings elle a
« finablement surmontées aveq' ung ferme et invin-
« cible courage, les supportant cependant d'une
« merveilleuse constance : choses qu'on estimeroit
« très grandes à ung fort et puissant roy, non pas
« seullement en une reyne.

« Au demeurant, elle est de fort belle présence et
« de face agréable et joyeuse, aveq' ung parler gra-
« tieux et benin ; et tout ainsin qu'elle se monstre
« au besoing plaine d'une grandeur et majesté toute
« royalle, ainsin par mesme moyen se faict cognois-
« tre toute humaine, familière, piteuse, débonnaire
« et douce, tellement qu'on ne l'estimeroit point
« qu'elle fût reyne, mais compaigne à ses subjectz.

1. *Essayé*, éprouvé. — 2. *Traict*, traitement.

« De vouloir exprimer plus à plain l'intégrité de son
« âme, cela seroit trop long aussi. Enfin, je l'estime
« non seullement dame fort excellente, mais encor'
« la répute pour le singulier enrichissement de l'Ital-
« lie, et tel que nulle autre nation n'a point jamais
« veu la semblable. »

Voylà certes de belles parolles, et qui sont fort à poiser toutes, que Boccace a dict de ceste grand' reyne : mais, pour en parler franchement, il n'en a pas assez dict, car vollontiers ung grand et digne subject comme celluy là, ne requiert point un abrégé de courts motz, mais une bien grande et longue hystoire. En quoy ledict Boccace est grandement à blasmer d'ingratitude : car, s'il est vray ce qui est escript de luy, qu'il aymoit Marie sa sœur, contesse d'Artois[1], et qu'il en ayt faict ses deux livres de *la Flammette* et *Philocope*, pour l'amour d'elle, il avoit obligation d'escripre plus hautement et amplement de toutes les deux sœurs qu'il n'a faict ; car il l'heust sceu mieux faire q'homme du monde, pour le grand sçavoir qui estoit en luy. Mais je croy, et comme je tiens de grands discoureurs, il n'a jamais heu tant de faveurs de ceste grand' dame comme il en a escrit, et qu'il s'est forgé en sa cervelle et fantasie ce beau subject, pour en escripre mieux, ainsin que vollontiers font les poètes et autres composeurs[2], qui se plaisent à sopposer[3] de grandz objectz et les fayre

---

1. Nous avons plus haut relevé cette erreur que Brantôme a répétée d'après Collenuccio (liv. V, f° 147). Voy. p. 153, note 1.
2. Les mots *et autres composeurs* ont été ajoutés entre les lignes par Brantôme.
3. *Sopposer*, supposer.

acroyre au monde affin qu'ilz en escripvent mieux, et que le peuple lise leurs œuvres en plus grande admiration et plaisir, et en croye leur fortune telle [1].

Davantage, il est bien mal aisé à croyre que ceste belle et grande princesse se fust allée enflammer de telles flammes qu'il les escript dans *la Flammette;* car vous diriez que ceste belle princesse est ravie de luy, qu'elle meurt pour luy, et qu'elle le court à force. Vrayement ouy ! car il estoit bien ung si bel oyzeau, selon son pourtraict que j'ay veu à Fleurance, à Naples et en ung infinité d'endroictz, qui le monstre nullement aymable ny agréable; et aussi que son mary le conte estoit bien plus désirable cent foys, et qu'il estoit plus vraysemblable qu'elle ne l'eust voulu aymer cent fois plus que l'autre.

Il est bien vray qu'elle pouvoit bien non aymer son corps, mais sa belle âme, ainsin que j'ay veu beaucoup de grandes dames aymer plusieurs sçavans personnages; comme nous lisons [2] de ceste reyne de France, extraicte de la maison d'Escosse, aucuns la disent madame la Dauphine, et puis reyne; laquelle, passant ung jour par sa salle, et voyant maistre

---

1. Ces six derniers mots ont été ajoutés en marge par Brantôme.

2. « Audict an (1436), Monsieur le Dauphin (Louis XI) épousa en la ville de Tours madame Marguerite, fille du roy d'Escosse, qui estoit une honneste dame, et qui fort aimoit les orateurs de la langue vulgaire, et entre autres maistre Alain Charretier, qui est le père d'éloquence françoise, lequel elle eut en fort grande estime, au moyen des belles et bonnes œuvres qu'il avoyt composées. Tellement qu'ung jour, ainsi qu'elle passoit une salle où ledict maistre Alain s'estoyt endormy sur ung banc, comme il dormoit le fut baiser, devant toute la compagnie; dont celuy qui

Allain Charretier tout endormy sur ung banc, elle le vint baiser et d'affection : sur quoy sa dame d'honneur luy remonstrant celluy qu'elle baisoit estre le plus laid homme de son royaume, et comme voullant dire : s'il estoit beau, passe! et plus avant encor. (Quelle[1] correction et quelle instruction de dame d'honneur! ha! que de ceste dragée il s'en trouve de bonnes vesses et macquerelles!) Elle luy respondist : *Je ne le baise pas autrement; mais je baise sa bouche, d'où sortent si beaux motz et sentences dorées, desquelles je me voudrois ressentir s'il se pouvoit.*

Quasi de mesmes en dict ceste dame romaine à Silla[2], laquelle, ainsin qu'ilz estoyent en des jeux publiqs, possible amoureuse de luy, fist semblant de choper du pied, en passant près de luy, et soudain s'apuia sur son espaule de peur de tumber. Silla luy demande ce qu'elle luy voulloit. *Non pas autre chose,* respondit-elle, *sinon que je me veux ung peu ressentir de vostre bonne fortune en vous touchant.* Quelle[3] finesse de rusée, pour atraper cautemant[4] l'amour d'un grand! Il est possible ainsin que ceste princesse Marie aymast de mesmes Boccace, pour son beau

---

la menoit fut envieux et luy dist : « Madame, je suis esbahy comme « avés baisé cest homme qui est si laid »; car à la vérité il n'avoyt pas beau visage. Et elle feit response : « Je n'ay pas baisé l'hom- « me, mais la précieuse bouche de laquelle sont yssus et sortis « tant de bons mots et vertueuses parolles. » J. Bouchet, *Annales d'Aquitaine*, 1557, f° 142 v°.

1. Cette parenthèse a été ajoutée en marge par Brantôme.
2. Elle s'appelait Valeria et fut épousée par Sylla. Voyez Plutarque, *Sylla*, chap. LXXII.
3. Cette phrase a été ajoutée en marge par Brantôme.
4. *Cautemant*, finement.

dire et sa bonne plume, pour la rendre excellante et immortelle par son rapport à tout le monde de ses belles vertus; mais le gallant n'en fist rien, et la trompa, et s'en alla escrire ces deux livres manteurs, qui l'ont plus escandalisée qu'édifiée, combien qu'il n'en jouist onq' : mais escrivains, poètes et courtisans vollontiers publient leurs valleurs et leurs jouyssances, soyent fauces ou vrayes, encor que j'aye cogneu aucuns poètes qui ayent heu de bonnes faveurs, dont j'espère d'en parler quelques fois.

Pour retourner à nostre reyne Jehanne, Boccace eust acquis un renom cent fois plus qu'il n'a faict s'il eust faict une belle hystoire d'elle; et Pétrarque de mesmes, qui estoit de ce temps, s'il eust converti tous ses beaux vers, qu'il a faictz pour sa Laure, à la louange de ceste reyne, la beauté de laquelle méritoit cent fois plus estre exaltée que celle de Laure.

Son pourtraict que l'on veoit encor[1] faict tesmoigner à tout le monde qu'elle estoit plus angélique qu'humaine. Je l'ay veu à Naples, en force endroictz, qui se monstre et se garde par espéciauté grande. Je l'ay veu en France aux cabinetz de nos roys, de noz reynes et de plusieurs dames. Certes, c'estoit une très-belle princesse, et qui monstroit en son visage une grande douceur, aveq' une belle majesté. Elle y parest vestue fort pompeuse d'une robe qui monstre estre de vellours cramoisi, aveq' force passements

---

1. Il en existe plusieurs au Cabinet des estampes ; elle n'y est représentée qu'en buste. Il y en a deux qui, à cause de la coiffure, pourraient peut-être se rapprocher de la description de Brantôme.

d'or et d'argent. Elle estoit quasi de la propre façon que noz dames d'aujourd'huy portent le jour d'une grand' magnificence, qu'on appelle à la boulonnoise, aveq' force grandes pointes d'aiguillettes d'or. Elle porte en sa teste ung bonnet sus son escoffion. Bref, ce beau pourtraict ne représente en rien ceste dame, sinon que toute belle, douce et vraye majesté ; si bien qu'à la veoir painte le monde s'en rend ravy et amoureux de sa painture, comme j'en ay veu aucuns, et comme aussi autrefois ont estés aucuns de son naïf[1].

J'ay veu une dame de France, qui la ressembloit en son pourtraict bien fort et au naïf. Ce beau visage ne méritoit point les adversitez ny la mort que fortune luy envoya.

J'ay leu dans ung livre en hespaignol ce mot de louange d'elle.

*Vinó me al pensamiento aquel tan illustre resplendor de Italia, que no solo de las damas reales, mas aun de los reyes es gloria y arreo especial, la muy excelente señora dona Juana, serenísima reyna de Hierusalem y Sicilia, cuyos tan esclarecidos rayos, asi de su alta y generosa prosapia y excelentes abuelos, como de las tantas y tan magnificas glorias por su real y magnanimo corazon, son ganados; de manera que todos y todas grandes adelante ella parecen como una quasi muerta centella de fuego, delante una hoguera grande y en demasia lumbrada.* « Il me vient
« en pensement ceste illustre et grande lumière et
« resplandeur de l'Italie, qui non seullement est la

---

1. *De son nayf,* de sa personne vivante.

« gloire et l'apareil spécial des dames royalles, mais
« encor' des roys mesmes, qu'est ceste excellente
« dame Jehanne de Iérusalem et de Scicille[1], de la-
« quelle les rayons si clairs de sa race généreuse et
« de ses braves ancestres, comme de ses belles,
« grandes et magnifiques gloyres, sont gaignées par
« son brave et généreux courage; de façon que tous
« et toutes, soit grands ou grandes, soyent-ilz au-
« jourd'huy, paressent auprez d'elle comme une pe-
« tite estincelle, centille[2] ou flammeche, devant une
« grande fournaise de feu, toute reluysante de flam-
« mes, et de grande et claire lueur. »

C'est loué cela, et à l'hespaignole. Or, avant qu'a-
chever encor' d'elle, je ne veux oublier ung conte
que j'ay veu et leu dans ung vieux livre italien, en
assez mauvais et gros langage pourtant, qui traitte
du duel, faict par Paris de Puteo, docteur en loix[3].
Il dit donq' que ceste belle reyne, tenant ung jour
entre ses plus beaux jours le bal ouvert et sollampn-
nel, dans sa ville de Gaiette, pour quelques magnificences de nopces, ou bien pour quelque autre feste
honnorable se trouva, parmy les seigneurs et gentilzhommes de sa court, le seigneur Galeazzo de
Mantoue, qui estoit pour lors ung des accomplis
gentilzhommes de l'Italie. La reyne le vint choisir et

---

1. Le ms. porte par erreur d'*Italie*.
2. *Centille*, étincelle.
3. Brantôme a déjà raconté ce fait et celui des chanoines de Saint-Pierre dans le *Discours sur les Duels* (tome VI, p. 249 et suivantes). On voit, comme nous l'avions dit, qu'il ne s'est pas servi du texte latin de Paris de Puteo, mais d'une traduction italienne.

prendre pour dancer aveq' elle. La dance finie, et luy s'en estant bien acquitté, luy vint faire une grande révérance devant son siège royal, le genoil en terre, la remercia très-humblement de l'honneur qu'elle luy avoit faict, et d'une telle humanité et courtoyzie, laquelle ne sçachant en quoy récompenser par quelque service condigne, luy fist veu d'aller errant qui çà qui là parmy le monde, et esprouver les faictz chevaleureux à tous hazards, à toutes heurtes[1] et à toutes rencontres, jusques à ce qu'il auroit vaincu et conquis deux vaillans chevalliers, pour luy en faire présent, et d'en disposer comme bon luy sembleroit.

Voyez comme le temps passé se rendoyent les pareilles en récompenses et rémunérations à leur supérieurs. Pour le moings, par ce traict elle cogneut qu'elle n'avoit honnoré ung chevallier, sinon aprochant rien moins de sa grandeur incomparable, pour le moins méritant quelque chose. La reyne, qui estoit non moings spirituelle et gentille, luy respondist seulement qu'à la bonne heure, et aveq' la grâce de Dieu il accomplist son vœu, puisque telle estoit sa vollonté et la coustume de ces temps là [2].

Le chevallier donq' part et vient en France, Bourgougne, Angleterre, Italie, Hespaigne, Allemaigne, Hongrie et autres régions, provinces et pays, où il y avoit pour lors une grand' fleur de chevallerie. Il se hazarde, il se rencontre, il se bat, il se combat;

---

1. *Heurtes*, chocs, combats.
2. Les six derniers mots ont été ajoutés en marge par Brantôme.

enfin, il conquiert et vainq' moittié par sa vaillantise, moittié par sa fortune, le couple des deux chevalliers compromis[1], et les ammeyne au royaume de Naples; et au bout de l'an arrive devant sa reyne, et, en luy présentant cez deux chevaliers le genouil en terre, luy accomplist son veu en très-grande sollampnité, et la supplie de l'avoir très-agréable. La reyne, encor' aveq' une belle grâce et grande majesté dont elle n'estoit aucunement despourveue, receust le vœu et le tint pour très-bien accomply, en offrant toutes les honnestetés du monde au cavallier, et le réputant pour très-digne, et acceptant les prisonniers. Puis elle leur dict : « Messieurs, vous estes
« mes prisonniers, comme vous voyez, par les droictz
« des combatz; je me puis servir de vous autres en
« telle et vile condition serviable[2] qu'il me plaira;
« mais je croy que vous jugez bien à mon visage
« que la cruauté n'y habite point, pour en disposer
« de telle façon. Je vous use donq' de ma douceur et
« humanité, et vous donne dès asture toute liberté
« et franchise de faire tout ce qu'il vous plaira, soit
« de vous en tourner libres en voz pays, soit, avant
« que tourner, vous esbattre par mon royaume, et
« en veoir les singularitez, que vous trouverrez assez
« belles; et, amprez en avoir faict la visite, venez
« me trouver avant que vous partiez, que je seray
« bien aise de vous dire à Dieu. » Qui furent aises? ce furent ces deux chevalliers, lesquelz, amprez leur douce sentance donnée, ne faillirent de l'exécuter très-bien, et se donner tout le bon temps qu'ilz peu-

1. *Compromis*, promis. — 2. *Serviable*, servile.

rent parmy les délicatesses de ce plaisant royaume, qui, pour lors, y abondoient, et mesmes y regnant une si noble reyne en toutes choses que celle-là : et puis, en ayant bien contemplé le tout à leur beau loisir, s'en vindrent ung jour prendre congé de leur reyne et maistresse puisqu'ilz estoient ses prisonniers et esclaves, laquelle le leur octroya fort librement, comme elle avoit faict auparavant, et, aprez avoir receu d'elle et argent pour leur voyage, et présents de grosses chaisnes d'or, s'en retournarent et se mirent en chemin, se recommandant à la bonne adventure, non sans publier par tous leurs passages les vertuz, humanitez et courtoisies de la reyne, comme ilz avoient raison : aussi nulle de son temps n'en fut tant remplie.

Sur quel exemple ce docteur que j'ay allégué, le vénérable docteur Paris de Puteo, fort digne homme, et qui a bien escript de ce duel, loue grandement ceste reyne, et dit en ce cas qu'elle mérite bien plus de louange que ne firent lors messieurs[1] les chanoynes de Sainct Pierre de Romme, à l'église desquelz et à leur sainct autel ung chevalier vainqueur, ayant voué et faict présent d'un autre chevalier qu'il avoit vaincu, et ainsin réduict par duel (aveq' son cheval, ses armes et toute sa despouille) dans la terre du patrimoyne de Sainct Pierre de Romme, pour eux en disposer, comme ilz vouldroient, selon les loix des Lombardz en combatz singuliers ordonnez, dont j'espère en faire ung discours[2], lesdictz chanoynes

---

1. Brantôme a rajouté *messieurs* entre les lignes.
2. On voit que ceci a été écrit avant le *Discours sur les Duels*.

furent si inhumains, qu'au lieu d'user de ceste miséricorde, semblable à celle de ceste reyne bonne et miséricordieuse, retindrent ce pauvre diable[1] de chevallier soubz espèce de servitude dans l'église, sans qu'il en osast jamais sortir; et se tenoit léans comme esclave ou lutin[2], n'ayant autre exercice que s'i pourmener, et aucune fois adviser par la porte les passants, et sur la vie ne passer outre; ainsin que j'ay veu en Hespaigne autreffois ceux qui s'estoient reffugiez aux eglises, et les avoyent prises pour leur sauvegarde, comme de faict elle leur servoit, quelque crime qu'ilz eussent faict.

Voylà commant ce docteur Paris blasme ces relligieux en ce faict, et exalte ceste reyne Jehanne, laquelle certes ne sçauroit avoir tant de louanges comme elle en mérite par ses innumérables vertus.

J'ay veu ung livre faict en Angleterre, qui s'intitulle *l'Apollogie ou Deffence de l'honorable sentence et très-juste exécution de deffuncte Marie Stuard, dernière reyne d'Escosse*[3]. En ce livre, il se voit plusieurs comparaisons de la reyne Jehanne de Naples et la reyne d'Escosse, tant de sa vie, ses mœurs, ses amours et genrre de mort; et les y veoit-on paintes d'un mesme créon[4], qu'il n'y a rien si semblable qu'elles deux, à l'ouïr parler. Je diray en

---

1. Brantôme a rajouté entre les lignes les mots *diable de*.
2. Les mots *ou lutin* ont été rajoutés en marge par Brantôme.
3. 1588, in-8°. C'est au commencement de ce livre que se trouve le chapitre analysé par Brantôme et intitulé : *Analogie ou comparaison entre Jeanne, jadis roine de Naples, et Marie, royne d'Escosse.*
4. *Créon*, crayon.

briefs motz ce que l'autheur de ce livre dit en plusieurs.

La reyne Jehanne, amoureuse du duc de Tarente, fist mourir son mary Andreasse. La reyne Marie d'Escosse, amoureuse du comte Bothouel, fist mourir son mary.

La reyne Jehanne, son mary mort, espousa aussitost le duc de Tarente, son proche parant. La reyne Marie, son mary mort, espousa le comte Bothouel.

La reyne Jehanne ne jouist pas long-temps de ses amours dudict duc, car il mourut tost après. La reyne Marie de mesme ne jouist non plus long-temps de celles de Bothouel, car il fust assailli et persécuté de la noblesse du païs, fust contrainct de s'enfuyr en Dannemarc, et puis mourut; et la reyne de mesme, fugitive en Angleterre et prisonnière.

La reyne Jehanne esleva ung scisme en France et Italie, à cause de deux papes[1]. La reyne Marie sema la semance de scisme et sédition en Escosse et Angleterre.

La reyne Jehanne envoya vers le pape en Avignon demander secours contre Charles de Durazzo. La reyne Marie de mesmes en a faict vers les papes, et leur à demandé secours contre la reyne d'Angleterre.

La reyne Jehanne envoya aussi vers Charles, roy de France, et à Louys, duc d'Anjou, demander forces. La reyne Marie a envoié de mesmes en demander au roy d'Hespaigne et à son cousin (le livre

---

1. Urbain VI et Clément VII.

dict son nepveu[1], mais il estoit son cousin) le duc de Guise.

La reyne Jehanne avoit de grands et puissants princes à tenir son party, tant en France, Provence, que hors. La reyne Marie a eu en divers temps trois divers papes et le roy d'Hespaigne, le duc de Guise, et en Angleterre quelques ducz, seigneurs, gentilzhommes, qui estoient pour elle bandez sourdement et à couvert.

Finablement, la reyne Jehanne fut estranglée en prison, et mourut de mesme mort qu'elle avoit faict avoir à son mary. La reyne Marie aussi en prison a estée descapitée.

En ce livre puis après y a ung discours, à sçavoir si ung grand a pouvoir de faire exécuter et mourir ung autre grand son pareil; et, se fondant sur l'empereur Constantin le Grand, lequel condampna à mort Licinius et le fist exécuter, prouve et afferme, par raisons et autres exemples, que cella se peut et se doibt faire. De cela je m'en raporte aux grands jurisconsultes, pour dire que, si l'on veut croire des escripvains mesdisans, les comparaisons de cy-dessus des deux reynes sont vallables; mais aussi, qui voudra croyre les hystoyres poinct menteuses, point fabeuleuses et véritables, on trouverra qu'en vertus, beautez et genrre de mort, elles sont fort pareilles, et qu'on leur a faict grand tort de les avoir faictes ainsin mourir. Par quoy, croyons les bons et sages

---

1. Le livre dit : Au roy Philippe et à son oncle le duc de Guise; mais, comme l'écrit Brantôme, il faut lire : son cousin; car son oncle le duc François était mort en 1562.

escripvains, et non les meschantz et bavardz ; car il n'y a rien si dangereux que telles gens. Je m'en raporte à la pauvre Didon, laquelle, et mariée et vefve, fust une princesse très-sage et vertueuse; et vous voyez comme Virgille l'a descripte, quasi envieux de sa vertu et chasteté.

Ainsin les mesdisans détractent de noz deux reynes précédentes ; mais la vérité est tousjours victorieuse de la manterie. Ce n'a pas esté Didon seulle, ny noz deux reynes précédentes aussi, dont l'on a mal parlé, mais d'un million de reynes, princesses et grandes dames, desquelles les langues picquantes ont détracté à faux ; et pour ce, ne faut croire tout ce qu'on dict et escript ; mais la pure vérité, qui combat le papier imbécille qui souffre tout. C'est assez, pour ce coup, parlé de ceste reyne Jehanne la première.

*La seconde reyne Jehanne* [1].

Il faut parler maintenant de ceste reyne Jehanne seconde, laquelle, au bout de quelque temps de ceste belle reyne première, succéda au royaume, aprez la mort de son frère Ladislaus, dont j'espère de parler. Aucuns disent qu'elle fut petitte niepce de la reyne Jehanne première. Cella est bien aisé à supputer dans

---

1. Jeanne II, fille de Charles III (Charles de la Paix) et de Marguerite de Durazzo, née en 1371, succéda (1414) à son frère Ladislas sur le trône de Naples, et mourut le 2 février 1435 en instituant pour son héritier René d'Anjou. Elle était veuve depuis 1406 de Guillaume, duc d'Autriche, quand elle se remaria le 10 août 1415 à Jacques de Bourbon, comte de la Marche. — Cet article est, comme le précédent, tiré en partie, et souvent textuellement, de l'*Histoire de Naples* de Collenuccio, traduction de Denys Sauvage, liv. V, f⁰ˢ 232 v⁰ et suiv.

sa généalogie, mise dans l'*Hystoyre de Naples*; mais, par ce que cella ne faict rien à mon discours, passe. Tant y a qu'elle fust du noble sang de France; et, entrant au royaume, elle y demeura paisible en pocession aprez la mort de son frère, pour le grand et beau nombre de gens de guerre qu'il luy avoit laissé, montant, de conte faict, à seize mill' chevaux, tous conduictz par des bons, sages et vaillans cappitaynes.

Elle estoit duchesse de Sterlich[1] et veufve quand elle s'en alla en Hongrie ; elle emmena ung gentilhomme napolitain, qui s'appelloit Pandolfo Alopo, et le retourna[2] l'ayant faict de sa main, et nourry et créé son chambellan. Chambellan étoit-il de vray; car il la servoit bien, et ordinayrement en sa chambre jour et nuict, non sans grand' rumeur du peuple sien et des courtisans. Doncq', pour les appaiser, et par l'advis d'aucuns de ses estatz, elle se résolust de se remarier, et espousa Jacques de Narbonne, ce dist l'historien de Naples[3]. Messire Ollivier de La Marche[4], grand seigneur et hystoriographe vray, le nomme Jacques de Bourbon, que je croy plus vray, car il estoit de ce temps; mais, en mariage faisant, fut dict et contracté qu'il ne porteroit poinct tiltre et nom de roy, ains seullement de prince de Tarante, ou duc, ou conte : mais il ne voulut rien porter que son tiltre accoustumé. Sur ce, les cappitaynes

---

1. D'Autriche. Voyez la note de la page précédente.
2. *Et le retourna*, et le ramena avec elle à son retour.
3. Collenuccio, f° 232.
4. Voyez les *Mémoires* d'Olivier de la Marche, édit. de 1606, in-4°, année 1435, liv. I, chap. i, p. 113 et suiv.

de la reyne, qui portoyent hayne et envie à ce Pandolfo, son mignon, et à Sforce[1], luy mirent en teste de prendre le nom de roy et le porter : par quoy, estant allez au devant de luy, le salluarent tous pour roy, fors ce brave Sforce qui ne le nomma que conte; à raison de quoy, par l'advis des autres, fist prendre prisonnier Sforce, et luy fist donner quelques traictz de corde, et trancher la teste au pauvre Pandolfo. Il en heust faict faire de mesmes à Sforce sans sa sœur[2], qui estoit une femme brave et courageuse, qui, assemblant une troupe de gens, prist aucuns seigneurs et gentilshommes du party du roy, par le moyen desquelz elle rachapta son frère. Voylà une bonne et brave sœur.

Quand à la reyne, il la mist à part, ne luy laissant manier aucuns affaires, et la tenant comme enfermée et confinée en une chambre, et l'emmenant fort peu souvant en son lict et en sa compaignie, la repoussant loing de soy, jusques à luy dire force villannies : ce que la reyne dissimula finement et fort mallicieusement, comme femme, mays pourtant très-habile, encor' que plusieurs des siens en murmurassent, en disant et faisant semblant que telle vie la dellivroit de beaucoup de travaux et fascheries du monde; et, s'amusant à veoir dancer (à quoy les François s'amusoient fort et sont fort addonnez, dit l'Histoyre), passoit joeusement le temps, bien qu'elle monstrast à ses amis plus privez, par signes et parolles à demy, quelque douleur au dedans et desyr d'y remédier.

1. Sforze de Cotignola.
2. Marguerite, femme de Michelino Ravignano.

Si bien joua-elle son jeu, qu'un Jullio Cæsare de Capua, qui avoit paradvant offensé la reine, pour faire son accord s'offrist à elle de tuer son mary Jacques. Elle, malicieuse et fine, prist ceste occasion au poil, tant pour se venger de ce Jullio que pour gaigner la bonne grâce de son mary, et pour recouvrer sa liberté première, fist semblant de luy prester l'orreille en ce qu'il songeast bien à son faict et le faire seurement ; et le remist au bout de huict jours.

Elle, en ayant adverty le roy du tout, le fist cacher en son cabinet aveq' d'autres des siens plus fidelles, tous armés : et fini lesdictz huict jours, elle faict venir en sa chambre à cachette ledict Jullio, à qui elle fist discourir assez haut toute sa menée et la façon pour l'exécuter. Ce qu'ayant ouy, Jacques sortist et luy fist trancher la teste publiquement ; ce qui luy donna occasion d'avoir la reyne en bonne opinion et estime d'amityé, et de femme qui portast grande loyauté à son mary : et *cosi si pigliano le volpi*[1], dit le proverbe italien.

Dont, bientost aprez la mist au large, et luy donna liberté d'aller à la mode accoustumée au chasteau, et s'esbattre et gouverner partout à son plaisir. Au moyen de quoy, estant ung jour à un banquet faict à poste, espiant le temps à propos, joua si bien son jeu, et par le moyen de ses amis et complices se rendist plus forte en Capouane ; et aveq' grand' rumeur du peuple et d'aucuns grands, prindrent, tuarent et saccagearent les officiers fran-

---

1. Ainsi se prennent les renards.

çois, et fist mettre le roy son mary prisonnier dans le castel de l'Ovo[1]; où estant, il trouva moyen de s'embarquer sur une nef genevoise qui, d'avanture, estoit là au port, et ayant accordé du pris, fut mené à Tarente, où estant, la reyne l'envoya assiéger : mais, pour ce qu'il ne la pouvoit tenir longuement, la randist et la quitta, et s'en alla en France, où s'adonnant à la relligion, acheva de passer le reste du monde.

Par tel exemple on peut congnoistre que peut une femme habille et de bon esprit, quand elle couve une vengeance, et aussi comme il en prend et en doibt-il prendre à ces petits compaignons de marys que aucunes dames leur font cest honneur, comme j'ay dict cy devant, de les espouser, les eslever, et les obliger de biens, de vies et d'honneurs, et puis sont si ingratz qu'ilz n'en font cas, les gourmandent, et, qui pis est, attantent sur leur vie. Telles gens ingratz méritent telz traictementz que ce roy Jacques, et pire.

J'ay leu dans l'hystoire de ce grand Ollivier de La Marche[2], qui estoit lors à Besançon et le vist quand ce roy s'i vint rendre cordelier, et dict qu'il se faisoit porter par quatre hommes en une civière,

---

1. Le château de l'OEuf.
2. Brantôme a mal compris le texte un peu ambigu à cet endroit d'Olivier de la Marche. Le chroniqueur se trouvait non pas à Besançon, mais à Pontarlier où il était écolier, et fut mené par son maître à la procession de nobles et de bourgeois de la ville, qui allait au-devant de Jacques de Bourbon près d'y faire son entrée. Voyez ses *Mémoires*, liv. I, chap. i, édit. de 1616, p. 113 et suiv.

telle sans autre différance que les civières que l'on porte les fiens¹, fumiers et ordures, et estoit à demy couché, (quel sot et fat²!) demy levé et apuié à l'encontre d'ung meschant desrompu orillier de plume, vestu par toute parure d'une longue robe d'ung gris³ de très-petit pris, et estoit ceint d'une corde nouée à façon de cordellier, et en sa teste avoit ung gros bonnet blanc, que l'on appelle une calle, et nous autres appellons callotte, ou bonnette blanche de layne, nouée ou bridée par dessoubz le menton. Il⁴ ne luy eust fallu qu'une plume de cocq sur la bonnete, et voilà le galland bien vestu! Je croy que si la reyne sa femme l'heust veu ainsin habitué et embéguyné, elle, qui estoit toute gentille et d'esprit, qu'elle en heut bien rit. Si feroyent bien d'autres, si croys-je, que je sçay, si elles voyoient ainsin leur marys qui leur sont ingratz et les traictent mal, en une telle réduction et ainsin béguinez et repentiz. Il y en a aucuns qui se mocquent de ces dévotz convertis, repentants et pénitents, et disent comme ung grand seigneur que je sçay en France, lequel, voyant M. de Joyeuse⁵ d'aujourd'huy, en habit de capu-

---

1. *Fiens*, excréments, fientes.
2. Brantôme a rajouté en marge cette parenthèse.
3. *Gris*, petit-gris, fourrure.
4. Les treize mots suivants ont été rajoutés en marge par Brantôme.
5. Henri, comte du Bouchage, duc de Joyeuse, né en 1567, mort à Rivoli (Piémont) le 27 septembre 1608. Il suivit d'abord la carrière des armes, que, devenu veuf, il quitta pour se faire capucin (1587) sous le nom de P. Ange. A la mort de son frère, Antoine-Scipion, grand-prieur de Toulouse (1592), il reprit les armes pour la Ligue, et ne fit qu'en 1596 sa soumission à

chin, faire les pénitances qu'il faisoit, dit : « Il seroit
« bien trompé celluy-là, s'il n'y avoit point de pa-
« radis en l'autre monde. » Il pouvoit bien et au
vray ainsin parler, si le paradis n'estoit; mais estant,
et une résurrection préparée, et ung Dieu pour nous
juger en sa béatitude et sa condampnation. Certainement qui peut faire ces conversions et pénitences,
il est bienheureux, à mode de plusieurs anciens
sainctz pères qui ont faict de mesmes, et qui en
sont estez bénitz de Dieu, dont nous en avons nos
histoires sainctes toutes plaines. Si dict pourtant
ledict messire Ollivier que ledict roy de sa personne
paroissoit ung grand chevallier, moult beau, moult
bien formé de tous membres (tant plus fat estoyt-il[1]),
ayant le visage blond, agréable, et portoit une chère
joyeuse en sa recueillette vers chascun (ainsin use-il
de ces motz); mais pourtant ainsin habillé, et en
tel assiette, il pouvoit plus servir de risée au monde
que d'admiration, encor' que telle humilité soit très-
agréable à Dieu. Il avoit à sa suite quatre cordelliers
de l'Observance, que l'on disoit grands clercz et de
saincte vie, et après iceux, ung peu sur le coing,
venoit son estat[2], où il pouvoit avoir deux cents
chevaux, dont il y avoit litière, chariot couvert, hac-
quenées, mulets, mules dorez et harnachez honnorablement; et avoit sommiers couverts de ses armes,
et nobles hommes et serviteurs bien vestus et en

Henri IV, dont il reçut le bâton de maréchal de France. Il ren-
tra au couvent en 1599. — Le mot cité par Brantôme a été at-
tribué au premier maréchal de Biron.

1. Cette parenthèse a été rajoutée en marge par Brantôme.
2. *Estat*, maison.

bon point. De quoy servoit tout cella puisqu'il estoit converty? Et en ceste pompe humble et dévotte ordonnance fist son entrée à Besançon¹ comme il avoit faict en toutes les autres villes ; et puis entra au couvent, où despuis, ce dist ledict hystoriographe, on le vit rendu cordelier ; et disoit-on qu'une femme de ce temps là fort dévotte, et relligieuse de Saincte-Claire, nommée sœur Collette², l'avoit ainsin réduit et presché comme elle avoit faict forces autres.

Pour retourner à nostre reyne Jehanne, apprez le despart de son mary elle eust beaucoup de brouilleries et de traverses, si bien qu'elle fut contraincte d'appeller à son ayde le roy Alphonce d'Arragon³, et l'adopter pour filz, et l'admettre à son royaume ; ce qu'il accepta, quelque paction sollennelle qu'il heust faicte aveq' les roys prédécesseurs de ladicte reyne : duquel elle ne fut pas mieux traittée que de l'autre ; qui fut cause qu'elle le quicta pour son ingratitude, et le désadvoua pour filz ; et adopta Louis, duc d'Anjou⁴, en son lieu, qui luy porta ung très-grand

1. A Pontarlier. Voyez plus haut, p. 186, note 2.
2. Sœur Colette, réformatrice de l'ordre de Sainte-Claire, morte à Gand en 1447.
3. Jeanne, en 1420, menacée par Louis III, duc d'Anjou, qui lui disputait la couronne, adopta Alfonse V d'Aragon. Puis de graves mésintelligences ayant éclaté entre elle et ce prince qui voulut s'emparer de sa personne, elle adopta le duc d'Anjou, et celui-ci étant mort en 1434, elle légua son royaume à René d'Anjou. Mais après plusieurs années de guerre, Alfonse finit par se rendre maître de tout le royaume, dont il resta possesseur jusqu'à sa mort arrivée en 1458. Son fils naturel, Ferdinand Ier, lui succéda.
4. Voyez la note précédente.

honneur et respect; de sorte qu'aprez la mort de son grand séneschal et favory nommé le conte Avelin [1], il heust le gouvernement absolu de tout le royaume; et se monstra si benin [2] et si serviable à l'endroict de la reyne, sa mère adoptive, que jamais dame ne fut plus contante qu'elle estoit; et à tout heure remercioyt Dieu de luy avoir donné ung si bon filz et tel apuy, comme j'ay leu dans l'*Histoire d'Anjou* [3]; et qu'un jour ledict conte Avelin son grand sénéchal, ayant peur que le duc d'Anjou la déboutast, comme d'autreffois il luy avoit esté contrayre, cuidant remonstrer à la reyne, sa maistresse, qu'elle se recordast d'Alfonce d'Arragon, lequel, après luy avoir donné authorité et crédit au royaume, la traitta très-mal et l'en cuyda par force chasser, et que le duc d'Anjou en pourroit faire de mesmes, parquoy n'estoit pas bon qu'elle luy donnast sur son pays et ses subjectz tant d'authorité et pouvoir; elle luy respondist qu'elle se souvenoit assez du danger où elle avoit esté pour avoir esleu Alfonce; mais qu'entre Louys d'Anjou et Alfonce d'Arragon il y avoit beaucoup de différance, car l'un estoit François et l'autre Hespaignol. Elle avoit par là bonne opinion des François, qui [4], de ces temps, estoyent encor tenus très-francs et nobles en tout. Voylà ce qu'en dict l'*Histoyre d'Anjou*.

1. Jean Caraccioli, comte d'Avellino, dont il sera parlé plus loin.
2. Il y a ici en marge une phrase en partie rognée par le relieur.
3. Voyez Bourdigné, f° LXXIV.
4. Cette fin de phrase a été ajoutée par Brantôme entre les lignes.

Il faut encor conter cest histoire[1] : Près de sa Saincteté à Florence, Alfonce d'Arragon avoit ung embassadeur, dom Garsie, Espaignol accort et subtil; la reyne Jehanne en semblable y tenoit le sien appellé Anthoyne Caraffe Malice. Ce Malice mit en advant à l'Hespaignol que, s'il persuadoit au roy son maistre de prendre en main la cause de la reyne, se faisoit fort qu'elle l'adopteroit pour filz, et le déclareroit son successeur au royaume. Et de telle adresse conduisirent ensemblement ceste trame au desceu du pape, qu'ilz arrestèrent d'aller à Plombin[2], et de là en Corsègue vers Alfonce, auquel la matière proposée fut tenue en longue discussion, parce qu'Alfonce et Loys estans cousins au tiers degré, y avoit capitulations préparées dès le commancement des pratiques de Louis, par lesquelles Alfonce luy promettoit de ne le molester en rien : mais c'est chose trop spécieuse[3] qu'une couronne pour demeurer si conscientieux. Soit donq' que soit, le fait est clair qu'Alfonce enfin accepta le party à luy présenté.

A ce Malice fut faict cest épitaphe qui est en l'église Sainct-Dominique à Naples :

*Auspice me, latias Alphonsus venit in oras,*
 *Rex pius, ut pacem redderet Ausoniæ.*
*Natorum hoc Pietas struxit mihi sola sepulcrum,*
 *Caraffæ dedit hæc munera Malitiæ.*

Il y a ung équivoque double et bon à ce Malice;

---

1. Elle est tirée de Collenuccio (trad. Sauvage, f° 238 v°).
2. Piombino.
3. *Spécieux*, beau, brillant.

car, s'il portoit le nom de *Malice*, il le portoit d'effaict, d'autant que il ne valloit guières et estoit bien remply de malice, ce tient-on encor à Naples, au moings aucuns.

L'*Hystoyre de Naples* dict encor[1] : que ceste reyne ne demeura pas guière plus paisible pour avoir chassé l'Arragonnois, car elle heust grand's guerres contre luy par le moyen d'Esforce et Louys d'Anjou son filz, qui, surpris d'une fiebvre par les continuelz mésaises, travaux, veilles, challeurs et fatigues de la guerre, mourut en l'an 1434, au grand regret de sa mère adoptive et de tous ceux du royaume ; car il estoit prince doux et benin, et du gouvernement duquel le peuple en espéroit beaucoup.

Au bout de l'an, la reyne Jehanne mourut aprez de fiebvre et de maladie, ayant régné vingt ans, (c'estoyt beaucoub pour ces temps et parmy ceste nation fort variante[2]), et laissé par testament son héritier René, duc de Lorrayne, frère charnel dudict duc Louis ; et par ainsin finist en elle la lignée et succession du roy Charles premier d'Anjou et de Durazzo, qui estoit une mesme race. C'estoit en son vivant une très-honneste princesse. Messire Ollivier de La Marche, qui estoit de ce temps là, l'a nommée Jovenelle ; et dict que c'estoit une dame de très-grand esprit, et qui sçavoit et valoit beaucoup, et dont le royaume s'en tenoit fort contant ; et dict les raisons pourquoy elle traitta ainsin son mary, Jacques de Bourbon, d'autant qu'aucuns disoient pour

---

1. P. 250.
2. Cette parenthèse a été rajoutée en marge par Brantôme.

lors qu'il la vouloit trop maistriser, tant sur le gouvernement du royaume que sur sa personne ès plaisirs et esbatz. Autres[1] disoient que la reyne ne prist pas bien en gré aucunes assemblées de dames (à la mode des François, qui se sont ainsin perdus tousjours en ce pays là : je m'en raporte aux Vespres Sciciliennes), dont il n'y en a point faute de belles à Naples, par manière de festins que faisoit le roy journellement, dont elle en conceut jalouzie. Quelquesfois les dames mariées n'ont pas tous les blasmes du monde, si elles font de mauvais tours à leurs maryz : car ilz leur en donnent des occasions.

Or, l'*Histoire de Naples*[2] dict que ceste reyne laissa ung bruit[3] de femme impudique et mal arrestée[4], comme de qui l'on disoit qu'elle estoit arrestée en cella seul qu'elle n'avoit point d'arrest, et qu'elle estoit tousjours amoureuse de quelqu'un, ayant, par plusieurs sortes et aveques plusieurs, faict plaisir de son corps. Mais pour cella, c'est le vice le moins blasmable à une reyne, grande princesse et belle, qui soit poinct, et si est le moindre si qu'elle puisse avoir ; mais très-grand est-il celluy, quand elle est mauvaise, malicieuse, vindicative et tyranne, comme il y en ha, dont le pauvre peuple en pâtist beau-

---

1. Voyez Olivier de la Marche, *Mémoires*, p. 115.
2. Collenuccio, f° 250 v°.
3. *Bruit*, réputation. Dans *Amphitryon*, Mercure dit à la Nuit :

>Vous avez dans le monde un bruit
>De n'être pas si renchérie.

4. *Mal arrestée*, inconstante, sans frein.

coup, mais peu pour ses amours, ainsin que j'ay ouy discourir à un'g grand de par le monde. Discourant de ce mesme propos sur une grande princesse de par le monde, et soustenant son party, disoit que ces belles et grandes dames et princesses, de mesme humeur en amour, debvoyent ressembler le soleil, qui respand de sa lueur et de ses rayons à ung chacun de tout le monde, si bien qu'un chacun s'en ressent. Tout de mesmes doibvent faire ces grandes et belles, en prodiguant de leur beautez et de leur grâces à ceux qui en bruslent; aussi que vollontiers les charitez et aumosnes génerallés, et qui se font à plusieurs, sont plus estimables et agréables que celles qui sont particulières, et qui ne se donnent qu'à ung ou à deux. Et par ainsin telles belles et grandes dames, qui peuvent beaucoup contenter le monde, soit par leur douceurs, soit par leur parolles, soit par leur beaux visages, soit par fréquentations, soit par infinies belles démonstrations et signes, ou soit par les beaux effectz, qui est plus à préférer, ne se doibvent nullement s'arrester à ung amour, mais à plusieurs; et telles inconstances leur sont belles et permises, mais non aux autres dames communes, soit de court, soit de villes et soit de pays[1], desquelles la douzaine n'en faict que la demie, et qui ne sont qu'à petit poidz, comme ces grandes qui sont à poidz de marc : et telles dames moyennes, faut que soient constantes et fermes comme les estoilles fixes, et nullement erratiques; que, quand elles se mettent à changer, errer et varier en amours, elles sont jus-

---

1. *Pays*, campagne.

tement punissables, et les doibt-on descrier comme putains des bourdeaux, d'autant que leurs beautez, encores qu'elles soient passables, n'ont de quoy à s'estendre sur plusieurs, et qu'estans privées il faut qu'elles se ressarrent en privé, et ne soient point communes comme les autres, et se contentent de donner l'aumosne à ung, sans se ruiner, ou de réputation, ou d'escandalle, ou d'honneur, en donnant à tous ceux qui se présentent à leur porte.

Voylà ce que disoit ce grand seigneur. Sur quoy il me souvient qu'estant une fois aveq' une honneste et très-grande dame[1] allé voir des tableaux d'ung paintre, nous y en vismes ung très-beau, où il y avoit une Fortune, d'ung costé, painte assise sur une pomme ronde et roulante, et de l'autre une Vénus sur une pierre carrée et ferme. Il y eust une de ses dames qui dict : « Voylà deux tableaux qui « parlent bien à nous, car, tout ainsin que l'un re- « présente par ceste pomme ronde l'inconstance de « la Fortune, aussi l'autre, par la pierre quarrée et « ferme de Vénus, elle nous aprend à nous autres « dames d'estre bien fermes et asseurées en amours, « sans les rouler et changer à tous propoz. » Ce qu'oyant ceste grand' dame, cuydant bien que cette pierre estoit jettée en son jardin, se tournant luy dit : « Cella s'entend pour vous autres, mesdames, « qui avez de ces beautés communes, mais non pas « pour nous autres qui avons les nostres fort dissem- « blables aux vostres. » Par ce discours en forme de digression se peut excuser aisément ceste reyne Je-

---

1. Probablement la reine Marguerite.

hanne si elle fust peu arrestée en ses amours; d'autant que c'estoit une très-belle princesse, comme son pourtraict le monstre¹, représenté à Sainct-Jehan de Carbonnara, à Naples, ainsin que je diray, et aussi qu'elle estoit reyne de grand esprit.

On dict qu'elle ayma, sur tous ses amoureux, Carracciol². Aussi le fist-elle grand et son grand sénéchal. Au commancement de sa jeunesse, encor' qu'il fût bien gentilhomme, parce qu'il estoit pauvre il se mesla de la plume³, et estoit filz d'ung appellé Carracciolo. Le feu prince de Melfe⁴ estoit venu de cest estoq, comme l'on m'a dit à Naples. La première occasion qu'eust jamais la reyne de luy faire entendre qu'elle l'aymoit, fust qu'il craignoit fort les souris. Ung jour qu'il jouoit aux eschetz en la garderobe de la reyne, elle-mesme luy fist mettre une souris devant luy; et luy, de peur, courant deçà et delà, et hurtant puis l'un et puis l'autre, s'enfuit à la porte de la chambre de la reyne, et vint cheoir sur elle; et ainsin, par ce moyen, la reyne luy descouvrit son amour; et eurent tost faict leurs affaires ensemble;

---

1. On ne le dirait guère d'après les portraits qui sont conservés au Cabinet des Estampes.

2. Jean Caraccioli, secrétaire, puis favori de la reine Jeanne, fut créé par elle connétable, grand sénéchal, comte d'Avellino, etc. Il la gouverna absolument pendant seize ans, mais, lasse de lui, elle laissa s'organiser un complot à la suite duquel il fut assassiné en 1432.

3. *De la plume.* Il fut d'abord secrétaire de la reine, comme nous venons de le dire dans la note précédente.

4. Celui auquel Brantôme a consacré un article. Voyez tome II, p. 226.

et amprez ne demeura guières qu'elle ne l'eust faict son grand sénéchal[1].

Sur ce conte j'en feray ung autre d'une dame de par le monde, et d'ung gentilhomme que je cognois[2]. Ceste dame estoit une fort belle et honneste dame, et de bonne maison, et le gentilhomme aussi. Ceste dame estoit fort aymée de ce gentilhomme, qui n'estoit point des plus impertinens; il la servist long-temps, et se plaisoit fort à contempler sa beauté, car elle l'estoit extrême en visage, port et en sa taille qui estoit très-riche. Mais rien que cela ne pouvoit-il veoir; du dehors et du descouvert prou, du couvert et du dedans rien; à quoy ses désirs et affections tendoient si ardamment qu'il en brusloit et mouroit, se persuadant bien que le caché valloit bien autant que le descouvert. Enfin un jour la fortune, qui ayde souvant aux pauvres amoureux, luy fust si favorable qu'ainsin que la dame prenoit à son coucher sa chemise derrière le rideau de son lict, et que l'une de ses femmes la luy donnoit, se présenta sur ledict rideau une grosse hyraigne[3] si hydeuse que rien plus. La dame, qui rien au monde ne craignoit tant de tous les animaux que celluy-là, comme certes il est hydeux, et qui plustost se fust jettée dans le feu que de l'attendre à venir à soy, sort de dessus son lict et de derrière sa courtine, sans autrement songer en soy (et possible le fist elle à poste, comme il est vray[4]),

---

1. Ce récit est pris textuellement de Collenuccio, f<sup>os</sup> 250 v°-251.
2. Probablement Brantôme. — 3. *Hyraigne*, araignée.
4. Cette parenthèse a été ajoutée en marge par Brantôme.

ny en l'estat où elle estoit; toute esperdue s'en vint auprès de ce gentilhomme à demye nue, affin de l'en garantir[1]; à luy, bien estonné d'un tel effroy, elle luy dict l'occasion de ceste hyraigne, qui sçavoit bien la hayne qu'elle luy portoit. Mais il ne fust point sot, et ne courut pas à tuer l'hyraigne, n'estant pas là pour ung Herculles à faire mourir les bestes, laissant cela à faire à ses femmes; mais, prenant ce temps, jette ses yeux soudain sur ce descouvert, où il ne veoit rien que beau et digne d'estre aymé et souhaitté. Mais le pis fut qu'il n'en heust autre chose que ceste belle contemplation, qui luy dura toujours dans l'âme, maudissant que sa fortune ne fust si pareille comme de ceste reyne à son séneschal : dont il me semble qu'elle ne debvoit user de ce mistère; car elle, estant reyne, elle ne debvoit que prendre l'occasion et luy assigner l'heure telle qu'il luy heust pleu, veu que vollontiers ces grandes font et deffont, et se dispensent comme il leur plaist, et aussi qu'à bonne vollonté ne manque jamais de subject ny d'occasion; ainsin que je tiens d'une honneste dame de la court, à laquelle ung jour un gentilhomme luy disant son amour, et qu'il désiroit fort la trouver en ung lieu plus privé et secret que la chambre de la reyne où ilz estoient, la dame luy fist responce : « Trouvez moyen seullement de m'en faire venir « l'envie; ne vous mettez point en payne de trouver « de commodité, car je vous en trouveray assez. » Et par ainsin ceste belle reyne, puisqu'elle en avoit la vollonté, les moyens se présentoyent assez, sans faire

---

1. *Affin de l'en garantir*, c'est-à-dire afin qu'il l'en garantît.

ces cérémonies; mais possible qu'elle n'y voulût aller à la desbordée, ains aveq' plus de modestie, et ne s'en monstrer deshontée, comme j'en sçay plusieurs qui font ainsin de mesmes.

Or c'est assez parlé d'elle. Touteffois, advant que d'achever je veux parler du beau tumbeau d'elle et de son frère Ladislaus[1], qu'elle fist construire pour tous deux avant mourir, que j'ay veu à Sainct-Jehan de Carbonnara à Naples, qui est une fort belle église de religieux, en lieu haut, au bout de la ville. Le tumbeau est dessus[2] le grand autel, et de beau et fin marbre blanc : tout au haut de la sépulture est ledict Ladislaus tout à cheval, couvert d'un manteau d'azur semé de fleur de lys, une espée au poing, son cheval tout caparrassonné de mesmes; à ses piedz est escrit en lettre dorée : *Divus Ladislaus*.

Dessoubz ceste statue y a ung très-beau sépulchre, et ung roy estandu la face en haut, aveq' forces dames esplorées à l'entour, et deux petits enfans qui tiennent haussé ung rideau deçà et delà; dessoubz laquelle y a une cornice[3] aveq' des lettres d'or un peu mal lisables, dont le commencement est tel : *Improba mors fratris, heu frater!* « Ah! mon frère! et méchante mort de mon frère! ». Et plus bas encor' ledict Ladislaus et Jehanne sont assis en leurs siéges royaux, aveq' leur sceptres en la main deçà et delà. La

---

[1]. Il y a au Cabinet des Estampes plusieurs gravures représentant les mausolées de Caraccioli et de Ladislas. Voyez le volume Vb(117). Cf. de Saint-Non, *Description du royaume de Naples*, tome I, p. 85. Le tombeau de Ladislas fut érigé en 1414.

[2]. Derrière le grand autel.

[3]. *Cornice*, corniche.

reyne Jehanne se monstre fort belle et de grave majesté, vestue fort pompeusement soubz son manteau royal, semé de fleurs de lys; et y a près d'elle quelques autres honnestes dames vestues à la franceze, à leurs pieds; et sont ces vers escripts :

*Qui populos bello tumidos, qui clade tyrannos*
*Percutit, intrepidus victor terraque marique,*
*Lux Italum, regni splendor clarissimus, hic est;*
*Cui tanto lacrymis soror illustrissima fratri*
*(Heu, Ladislaus decus altum et gloria regum!)*
*Defuncto pulchrum dedit hoc regina Joanna.*
*Utraque sculpta sedet majestas ultima regum,*
*Francorum soboles; Karoli sub origine primi* [1].

La traduction est telle :

Celluy qui, sans peur, a subjugué par guerre les peuples plus mutins et ruyné les tyrans, victorieux par mer et par terre, la lumière des Italiens, et la splendeur esclatante du royaume, gist icy, le roy Ladislaus, l'honneur et la gloyre des roys, à qui la sœur très-illustre, la reyne Jehanne aveques de grandes larmes et regretz, à ung tel digne frère mort a dressé ce monument. Les Majestez de l'un et de l'autre entaillées sont icy assizes, qui ont finy la dernière race des roys françois, soubz l'origine du roy Charles premier.

Le tout est soustenu de quatre coullomnes de mar-

---

1. Le texte de cette épitaphe, tel qu'il est rapporté par le manuscrit, renferme plusieurs fautes que les précédentes éditions ont fait disparaître. Elle est reproduite dans le *Voyage d'un Français en Italie*, de Lalande (tome VI, p. 291), qui la donne comme étant de Sannazar, dans les œuvres duquel je ne l'ai point trouvée.

bre pareil, par où on peut passer dessoubz, contre lesquelles sont appuiées quatre collosses de femmes, sçavoir est les quatre Vertus principalles.

Voylà le beau devoir et office pie que fist la sœur à son frère Ladislaus, qui fut roy devant elle : et luy mourut pour aymer une fort belle fille d'un médecin, lequel, aposté et gaigné par les Fleurantins pour le faire mourir, donna à sa fille un certain unguent, luy persuadant que si elle s'en frottoit sa nature sur le point de la besongne, que l'amour que luy portoit le roy luy croistroit, et jamais ne l'abandonneroit. La pauvre fille creust le père, convoiteuse d'avoir l'amour immortelle du roy ; et s'estant frottée dudict unguent, mourust incontinant : et le roy s'en sentant aussi bien fort touché, ne la fist guières longue amprez[1]. Voylà une mort estrange ; mais plus est-elle celle d'une dame de France, de fort belle maison, que j'ay cognu[2], laquelle son mary fist mourir en l'empoisonnant par sa verge et nature dans la sienne et sa matrice ; qui fust grand cas l'empoisonner ainsin sans s'empoisonner ; dont il en fust en grand' peyne et procez par la poursuitte des parans et parantes de sa femme, et en garda prison à la conciergerie du palais ; et en sortist aux troisiesmes troubles, le roy luy donnant grâce pour s'en servir aux guerres. Il fist cela pensant espouser une grand' dame bien riche, ce qu'il ne fist.

---

1. Cette anecdote est tirée textuellement de Collenuccio, f° 231 v°.

2. Les mots *que j'ay cognu* ont été ajoutés entre les lignes par Brantôme.

Prez dudict sépulchre que je viens de dire, et ung peu plus avant, y a une chapelle ronde où y a aussi ung tumbeau de beau marbre blanc, de ce Caracciol, sénéchal, aveq ces motz :

*Sirianno Caracciolo, Avellini comiti, Venusii duci, ac regni magno senescallo et moderatori, Trajanus filius, Melfiæ dux, parenti, de se deque patria optime merito, erigendum curavit. 1433.*

La traduction est telle :

Trajan filz, duc de Melfye, a esté curieux d'ériger ce tumbeau à son père, qui lui avoit faict beaucoup de biens, et à sa patrie, Carraciol, comte d'Avelin, duc de Venouse, et grand séneschal et gouverneur du royaume.

Dans la table du tumbeau sont gravez ces vers :

*Nil mihi, ni titulus summo de culmine, deerat,*
  *Regina morbis invalida et senio.*
*Fecunda populos proceresque in pace tuebar,*
  *Pro dominæ imperio nullius arma timens.*
*Sed me idem livor qui te, fortissime Cæsar,*
  *Sopitum extinxit, nocte juvante dolos.*
*Non me, sed totum laceras, manus improba, regnum;*
  *Parthenopeque suum perdidit alma decus*[1].

La traduction est telle :

Rien ne me deffailloit que le tiltre de roy, estant monté

---

1. Le texte de cette inscription a été donné par Misson dans son *Nouveau voyage d'Italie* (édit. de 1702, tome II, p. 97), et par Lalande (tome VI), qui l'attribue à Laurent Valla. Je n'y ai relevé qu'une variante : au lieu de *laceras, manus improba*, il y a *lacerat manus impia*.

L'inscription précédente se trouve à la suite dans Misson.

en très-haut degré du temps de la reyne ma maistresse, maladive et jà sur l'aage. J'ay entretenu son peuple et les grands en bonne paix, et où il alloit du service et du commandement de ma maistresse je n'ay rien craint, non pas les armes des plus mauvais. Mais la mesme envie qui mesme a persécuté Cæsar m'a faict mourir de nuict, fort favorable à la trahison. Meschante main, tu ne m'as pas tué et perdu seullement, mais tout le royaume; et Naples a esté privée de son los et gloyre!

Ce seneschal estant en grand crédit, comme sont les favoris de roys, fut fort envié et conjuré contre luy; par quoy les conjurateurs et grands barons du royaume allèrent une nuict fraper à la porte de sa chambre, luy faisant accroire que la reyne le demandoit estant en danger de mort par accident nouvellement survenu. Luy, se levant hastivement pour se vestir, commanda à son vallet de chambre ouvrir la porte; laquelle ouverte, les meurtriers entrarent, qui le tuarent et le traisnarent sur ung aix hors du chasteau à demy vestu. On dict que la reyne y avoit presté consentement : pour le moins n'en fut-il faict autre poursuitte de sa mort, et aussi que l'hystoire le dict[1].

De luy sont sortis et venus ces grands princes de Melfe, qui sont estez aprez luy très-grands personnages et vaillans cappitaynes.

Voylà ung grand exemple de fortune, et admonnestement à ung chacun, qui, se fiant au gouvernement et faveurs d'aucunes femmes, y repose en son

---

1. Voyez Collenuccio, f° 249 v°.

espérance, et[1] mal fondée pourtant, pour la variété[2] qui règne en ce sexe tant aymé.

Or je fais fin. C'est assez parlé de ce subject, dont je crains en avoir esté trop prolixe et par ce importun, mais il falloit en parler, car elles ont estées braves reynes, et pourtant hayes d'aucuns, comme j'ay dict, estant enfin le naturel de plusieurs hommes d'aborrer la domination des femmes.

1. Cette fin de phrase a été rajoutée en marge par Brantôme.
2. *Variété*, variabilité.

FIN DU HUITIÈME VOLUME.

# APPENDICE.

I. *Deux opuscules inconnus de Brusquet.*

Dans la vie du maréchal Strozzi (tome II, p. 244 et suivantes), Brantôme a longuement raconté la fortune, les tours et les malheurs de Brusquet, et les renseignements qu'il nous donne sont à peu près les seuls que l'on ait sur ce joyeux bouffon. Il parle, entre autres, d'une lettre fort touchante que Brusquet, chassé de la cour comme huguenot, pillé et ruiné, écrivit de chez Mme de Valentinois à Philippe Strozzi pour qu'il lui fît obtenir de rentrer en grâce auprès du roi. Cette lettre, je n'ai pu la retrouver; on sera peut-être quelque jour plus heureux que moi : mais en voici une autre adressée par lui à Charles IX, et qui, bien qu'imprimée, est restée jusqu'ici complétement inconnue. J'ai eu la chance d'en rencontrer un exemplaire intercalé dans un manuscrit de la bibliothèque de Zurich, coté 118. C'est un petit in-12 de quatre feuillets intitulé :

*Advertissement de Brusquet au Roy de France, touchant les troubles qui sont de présent en France, pour le fait de la religion.* (MDLVIII.) — Au milieu du titre est un écusson aux armes de France, sous lequel se lit encore la date de 1568. Il n'y a point d'indication de lieu ni nom d'imprimeur. Au verso du titre on lit ceci :

*Nam nec habet servum, regnat cum cardine fœdo.*

Veut dire :

Avec gond ort règne Carnavalet[1].

Cette pièce est assez piquante, et le ton plaisant qui y règne ne laisse pas douter un instant qu'elle ne soit bien sortie de la plume de celui dont elle porte le nom. La date de 1568 qu'elle porte deux fois sur le titre rectifie une erreur de Dreux du Radier, qui, dans ses *Récréations historiques* (tome I, p. 15) le fait mourir en 1562 ou 1563. C'est donc de cinq ou six ans au moins qu'il faut reculer la mort du pauvre fou de Henri II.

L'exemplaire de la bibliothèque de Zurich est probablement unique : aussi croyons-nous devoir, vu sa brieveté, le réimprimer textuellement ici ; et on nous permettra de saisir cette occasion pour remercier le savant bibliothécaire, M. Horner, de l'inépuisable obligeance qu'il a bien voulu nous montrer pendant les deux mois que nous avons travaillé dans le riche dépôt confié à ses soins.

*Brusquet au Roy.*

Sire, vostre ancien Bouffon et serviteur de court voit et dit des choses que vous ne voyez et n'oyez pas. Ce (si) vous voyez ce qu'il voit et oit, vous feriez des choses qu'il feroit, s'il estoit en vostre place. Il voit toute la noblesse de France et tous les vaillans hommes en estat de ce (se) manger un matin les uns les autres, qui seroit autant à dire que si vos mains se mangeoyent l'une l'autre, et vous n'y aurez point d'acquest. Les uns les autres dient qu'ils sont tous vos serviteurs et qu'ils veulent vivre et mourir pour vous. Si j'estoys roy, ma femme seroit royne, mais je les manderois tous et les ferois mourir à mon service contre

---

1. Dans l'article consacré au maréchal de Cossé, t. III, p. 85, Brantôme a rapporté, avec une légère variante, *famulum* au lieu de *servum*, ce mauvais calembour, qui est probablement de la façon de Brusquet, dont il connaissait peut-être la lettre.

ceux qui me voudroyent faire la guerre et ne donnerois point de passe-temps à nos ennemis de les voir manger les uns les autres.

Car, s'ils se mettoyent tous ensemble, ils vous yroient conquerir la Turquye et tout ce qui vous appartient : et s'ils sont aussi vaillans contre vos ennemis comme ils sont l'un contre l'autre, ce seroit pour vous faire roy de la moitié du monde.

Je voy et oy ce que dit le pauvre peuple : « Que diable avons-« nous affaire, ne nous ne nos biens, si l'un ne veut aller à la « messe, ou si l'autre ne veut aller au presche ? Qui voudra aller « au diable y aille. Le chemin est assez grand. Cependant nous « sommes ruynez corps et biens.

« Nous sommes sujects du Roy. nous sommes ses enfans. Il « est nostre père ; nous sommes sa nourriture, ses jardins et ses « vignes, et ne sera plus roy des hommes, mais de gens qui « n'auront vaillant que le cul et les dents ; et quand il voudra « avoir de nous quelque chose, nous luy demanderons du pain à « manger. »

Et pour ce, sire, ayez pitié de ce pauvre peuple, et si vous en avez pitié, après que cecy sera passé, faict et passé, j'ay trouvé un moyen que je vous diray un jour qui sera pour payer toutes vos debtes, et ne vous demanderay pour mon invention ne dix, ne quinze pour cens, mais pour mon invention je vous demanderay seullement un casacquin de drap vert que m'avez promis il y a six moys. Mon bon vivandier, pardonnez-moy si j'ay escrit ce que ne voudrois qui feust, car l'amitié que j'ay en vostre maison et la pitié que j'ay du pauvre peuple de ce m'a fait escrire, et aussi pour ce que quelques fois les fols dient ce que les sages ne veulent dire. S'il y a rien de bon, prenez-le ; s'il y a rien de mauvais, pardonnez-moy.

>Vostre ancien bouffon, gravelleur, pierreux [1], borgne, bossu et manchot, bany de sa poste, sacagé en sa maison, vollé de ses serviteurs, mary de la plus laide et mauvaise teste de femme qui soit en France, et meilleure musicienne.

Au dernier feuillet on lit les vers suivants, assez peu

---

1. Ayant la gravelle et la pierre.

intelligibles et relatifs à la paix qui venait d'être signée à Longjumeau le 23 mars 1568 :

### LA PAIX EST FAITE.

C'est pour l'advenir.

Le Prince l'a engendrée,
La marquise l'a brassée,
La Royne l'a couvée,
Marcel l'a forgée,
Bourgerot l'a fourrée,
Henri l'a marchandée,
Henguan l'a plaidée,
Lansac l'a prononcée,
Le Roy l'a acheptée,
Paris l'a payée,
Daubray l'a changée,
Les héraults l'ont reculée,
Martigues l'a bruslée,
Chastillon l'a demandée,
Montmorancy l'a accordée.
Le chancellier l'a sellée,
L'Aubespine l'a signée,
Connor l'a pillée,
Monsieur de Sens l'a sallée,
Carnavallet l'a picquée,
Le prélat laurain de pœur l'a jurée,
Les estrangers l'ont plorée,
Espagne s'en est mocquée,
Romme en est abusée,
Et la France demeure pillée.

Cette pièce n'est pas la seule qui soit sortie de la plume de Brusquet. Il en existe une autre dont on ne connaît, je crois, que deux exemplaires, et dont je dois la communication à mon ami, M. Henri Bordier. Elle est intitulée : *Epistre du seigneur de Brusquet aux magnifiques et honnorés seigneurs syndicz et conseil de Genève.* A Lyon, 1559, 4 feuillets in-12. Elle est pleine de bouffonneries et malmène fort les Magnifiques Seigneurs, contre qui il avait probablement quelque grief que nous ignorons. Elle se termine par cette phrase où il trouve encore moyen de médire de sa pauvre moitié.

Vostre obéissant et affectionné serviteur, plus sage que fol pour son prouffit, et sage quand il veut, le seigneur de Brusquet, premier fol du roy et vallet de sa chambre, huissier de la Royne, maistre de la poste de Paris et seigneur du viguier d'Antibes, et mari de la plus laide que le diable ch.. jamais. Ainsi soit-il de vous : et je dy qu'ainsi soit.

Ajoutons que l'on trouve dans la *Revue rétrospective* (tome IV, p. 5-33) et dans la première série des *Archives curieuses*, tome III, p. 274 et suivantes, un Mémoire de L'Aubespine sur la cour de Henri II, mémoire où Brantôme paraît avoir puisé son récit de quelques-unes des prouesses de Brusquet.

Enfin Brusquet est l'un des personnages d'une pièce satirique de Jacques Bienvenu, intitulée : *Comédie facétieuse et très-plaisante du voyage de frère Fecisti en Provence, vers Nostradamus.* Nismes, 1582, 23 pages in-8°.

## II. *Dédicace des* Mémoires *de Marguerite à Brantôme.*

Ainsi que nous l'avons dit dans la note 1 de la page 22, Marguerite dédia ses *Mémoires* à Brantôme. Cette dédicace qui, dans toutes les éditions, forme le commencement de l'ouvrage, nous devons la reproduire ici, car elle contient des renseignements intéressants sur les rapports d'affection qui unissaient la reine et le gentilhomme périgourdin. On y voit que le biographe, ou, pour mieux dire, le panégyriste, lui avait soumis son *Discours*, et qu'elle y avait trouvé quelques erreurs qu'elle lui signale, mais dont Brantôme, qui avait probablement ses raisons, ne paraît pas avoir tenu compte, car son récit des aventures de Pau et de l'attaque du maréchal de Biron sur Nérac diffère de celui des *Mémoires*. Quant aux affaires d'Agen et d'Usson, nous n'en pouvons rien dire, les *Mémoires* s'arrêtant à l'année 1582. Ajoutons que c'est probablement pour se rendre à une observation de la princesse qu'il a fait à un passage une petite correction que nous avons indiquée (voyez p. 61, note 1).

Je louerois davantage vostre œuvre, si elle ne me louoit tant, ne voulant qu'on attribue la louange que j'en ferois plustost à la philaftie[1] qu'à la raison, ni que l'on pense que, comme Thémistocle, j'estime celuy dire le mieux qui me loue le plus. C'est un commun vice aux femmes de se plaire aux louanges, bien que non méritées. Je blasme mon sexe en cela, et n'en voudrois tenir cette condition. Je tiens néantmoins à beaucoup de gloire qu'un si honneste homme que vous m'aye voulu peindre d'un si riche pinceau. En ce pourtraict, l'ornement du tableau surpasse de beaucoup l'excellence de la figure que vous en avez voulu rendre le subject. Si j'ay eu quelques parties de celle que m'attribuez, les ennuys, les effaceant de l'extérieur, en ont aussi effacé la souvenance de ma mémoire; de sorte que, me remirant en votre discours, je ferois volontiers comme la vieille madame de Rendan, qui, ayant demeuré depuis la mort de son mary sans veoir miroir, rencontrant par fortune son visage dans le miroir d'un aultre, demanda qui estoit celle-là. Et, bien que mes amis qui me voient me veulent persuader le contraire, je tiens leur jugement pour suspect, comme ayans les yeux fascinez de trop d'affection. Je croy que, quand vous viendrez à l'épreuve, vous serez en cela de

---

1. De φιλαυτια, l'amour-propre. Marguerite a employé encore ce mot dans *la Ruelle mal assortie*.

mon costé, et direz, comme souvent je l'escris par ces vers de
Bellay[1] :

>.... C'est chercher Rome en Rome,
> Et rien de Rome en Rome ne trouver.

Mais, comme l'on se plaist à lire la destruction de Troye, la grandeur d'Athènes et de telles puissantes villes lors qu'elles florissoient, bien que les vestiges en soient si petits qu'à peine peut-on remarquer où elles ont esté, ainsy vous plaisez-vous à descrire l'excellence d'une beauté, bien qu'il n'en reste d'autre vestige ny tesmoingnage que vos escripts. Si vous l'aviez faict pour représenter le contraste de la nature et de la fortune, plus beau subject ne pouviez-vous choisir, les deux y ayants à l'envy faict essay de l'effort de leur puissance. En celuy de la nature, en ayant esté tesmoin oculaire, vous n'y avez besoin d'instruction. Mais en celuy de la fortune, ne le pouvant descripre que par rapport (qui est subject d'estre fait par des personnes mal informées ou mal affectées, qui ne peuvent représenter le vray, ou par ignorance ou par malice), j'estime que vous recepvrez plaisir d'en avoir les Mémoires de qui le peut mieux sçavoir, et de qui a plus d'interest à la vérité de la description de ce subject. J'y ay aussi esté conviée par cinq ou six remarques que j'ay faites en votre discours, où il y a de l'erreur, qui sont lorsque vous parlez de Pau et de mon voiage de France; quand vous parlez de feu M. le maréchal de Biron; quand vous parlez d'Agen, et aussi de la sortie de ce lieu[2] du marquis de Canillac.

Je traceray mes Mémoires, à qui je ne donneray plus glorieux nom, bien qu'ils méritassent celuy d'histoire, pour la vérité qui y est contenue nuement et sans ornement aucun, ne m'en estimant pas capable et n'en ayant aussi maintenant le loisir. Cette œuvre donc d'une après disnée ira vers vous comme le petit ours, lourde masse et difforme, pour y recepvoir sa formation. C'est un chaos duquel vous avez desjà tiré la lumière. Il reste l'œuvre

---

1. Du Bellay a dit :

> Nouveau venu, qui cherche Romme en Romme,
> Et rien de Romme en Romme n'apperçois....

2. Du château d'Usson, où Marguerite écrivit ses *Mémoires*.

de cinq ou six aultres journées. C'est une histoire, certes, digne d'estre escrite par cavalier d'honneur, vrai François, nay d'illustre maison, nourry des roys mes père et frères, parent et familier amy des plus galantes et honnestes femmes de nostre temps, de la compagnie desquelles j'ay eu ce bonheur d'estre.

# TABLE DES MATIÈRES.

## DES DAMES.

### PREMIÈRE PARTIE (suite).

#### DISCOURS

SUR LA REYNE D'HESPAIGNE, ÉLIZABET DE FRANCE, p. 1 à 21.

Réflexions sur son nom, 2. Joie de ses parents et réjouissances à sa naissance et à son baptême. Henri VIII compère de François Ier; mot de Henri II à propos du mariage de Claude, sœur cadette d'Élisabeth, 3. Promise à don Carlos, est mariée à Philippe II; ce qu'en dit le duc d'Albe, quand il vint l'épouser au nom de son maître, 4. Jalousie de don Carlos contre son père; portrait d'Élisabeth; remède employé dans sa petite vérole, 5-6; sa taille et sa bonne grâce; admiration et amour des Espagnols pour elle; ses surnoms, 6. Grave maladie dont elle est guérie par un médecin italien; douleur du peuple; sa joie quand elle fut guérie. Brantôme la voit à ce moment, 7. Ce qu'il lui dit de sa beauté; visites de la reine aux églises; ce que M. de Lignerolles, qui la vit mourir, raconte à Brantôme de la douleur du peuple, 8. Son courage à sa mort; bruits à ce sujet; ce que lui dit Philippe à leur première entrevue; jésuite exilé pour avoir parlé en chaire de sa mort; affection qu'elle avait conservée pour la France; orgueil de Germaine de Foix devenue la femme du roi Ferdinand, 9-10. Bon accueil qu'Élisabeth fait à Brantôme; détails sur son entrée à Bayonne; riche harnachement de sa hacquenée; elle fait présenter par le duc d'Albe à Philippe II Brantôme qui revenait d'Afrique, 11-12. Elle le présente à don Carlos, et lui envoie un merveilleux remède contre le mal de dents, 12-13. Brantôme promoteur de l'entrevue de Bayonne; respect et crainte que Catherine de Médicis inspirait à Élisabeth, 13. Elle fait obtenir à Pompadour l'aîné sa grâce pour le meurtre de Chambret, 13, 14. Sa mort fatale à la France, 14-15. Ses filles; elle élève l'aînée Isabelle qu'elle rend fort affectionnée à la France, 15. Strozzi raconte à Brantôme que celle-ci délivra à Lisbonne les Français qui étaient sur les galères; son éloge, 16. Vers à l'occasion du mariage d'Élisabeth, 16-17. Détails sur sa remise par Antoine de Navarre aux Espagnols, à Roncevaux, 17-18; son instruction; son précepteur M. de Saint-Étienne; parlait bien espagnol; faisait venir des livres de France, 18. Son luxe en habillements; ne portait ses robes qu'une fois; son tailleur; don qu'elle fait faire par son mari aux dames et filles qui l'avaient suivie en Espagne, 19. Mesdemoiselles de Saint-Ana et de Saint-Légier, gouvernantes des infantes. Sonnet à la louange d'Élisabeth, 20; son épitaphe, 21.

## DISCOURS
### SUR LA REYNE DE FRANCE ET DE NAVARRE, MARGUERITE, p. 22-85.

Réflexions de Brantôme sur la fortune, 22-23; beauté de Marguerite, 23-25. Effet qu'elle produit sur les ambassadeurs polonais; mot d'Albert Laski à ce sujet, 25-26. Ce qu'en dit don Juan la voyant danser au Louvre, 26. Réception qu'il lui fait à son voyage à Spa; ce qu'en disaient les soldats espagnols. Enthousiasme qu'elle inspire aux ambassadeurs turcs et aux étrangers, 27-28; conversation sur elle de Brantôme avec un cavalier napolitain et un gentilhomme français; beauté de la princesse de Salerne; le sieur des Essarts, traducteur d'*Amadis*; la belle Nicquée, 28-29. Pièce de Ronsard à sa louange; réflexions d'une dame à ce sujet, 29-30. Richesse des habillements de Marguerite, qui donne le ton à la cour; son voyage à Cognac où Brantôme l'accompagne; sa conversation avec sa mère. Description de plusieurs de ses habillements, 31-36; festin donné par Catherine de Médicis aux Polonais; toilette qu'y portait Marguerite; ce que Brantôme dit à ce sujet à

Ronsard qui en fit un sonnet; son portrait, 33-34; sa toilette aux États de Blois; ses coiffures; ses perruques, 35; mot dit à Brantôme par un gentilhomme nouveau-venu à la cour; réflexions de Brantôme, 36. Procession à Blois où assiste Marguerite; description de son costume; robe de drap d'or que lui avait donnée M. de Grandchamp, ambassadeur en Turquie, à qui le Grand Seigneur en avait fait présent, 37-38. Regrets causés à la cour, quand M. de Duras vient la chercher pour l'emmener en Guyenne; faux bruit de sa mort, 39-40. Éloge de son esprit et de son éloquence; ses harangues à l'évêque de Cracovie (*lisez* Posen), chef de l'ambassade polonaise, et, quand elle fit son entrée à Bordeaux, à l'archevêque de Bordeaux, à Sansac, à Biron et au premier président Largebaston; ce que celui-ci en dit à Brantôme, 41-42. Éloge qu'en font à Brantôme Catherine de Médicis et divers grands personnages, 42. Son esprit et sa malice dans la conversation; ses lettres supérieures à celles de Cicéron, 43. Son mariage avec Henri de Navarre projeté par Henri II et Antoine de Bourbon; lettre de Jeanne d'Albret à la mère de Brantôme, 44. Conversation de Catherine avec ses dames au sujet de ce mariage et sur la loi salique; ce que le cardinal de Granvelle dit de cette loi au cardinal de Lorraine; éloge d'Henri IV, 45-47. Digression de Brantôme sur la loi salique et son injustice, 47-57. Pharamond l'importe en Gaule; pays où elle n'est point pratiquée, non plus que dans les grandes seigneuries de France; les Gaulois issus de Galathée et d'Hercule, 47-48. Opinions de Postel, de Cenal, de Seissel, de Ferrarius Montanus, etc., sur l'origine de la loi salique; Ammien Marcellin, 49-50. Philippe de Valois, *le roi trouvé;* Charles V apanage son frère de la Bourgogne, 50-51. Du Tillet cité, 51-54. La reine Clotilde; Chilpéric hérétique; Grégoire de Tours cité, 51. Du Haillan cité, 50, note 2; 51, note 2. Catherine, fille de Charles VI; les filles de France appelées reines; Jeanne, comtesse de Flandre, siége parmi les pairs, 52. Conditions du mariage projeté entre Marie de France et Guillaume, comte de Hainaut; qualités des femmes; mauvais rois qu'a eus la France, 53. Éloge de l'administration de Frédégonde, de Nanthilde et de Blanche de Castille; nom d'Auguste donné aux empereurs romains; reines-mères pourquoi appelées reines *blanches;* erreur de Brantôme, 53-54. Isabeau de Bavière, Anne de Beaujeu,

Louise de Savoie et Catherine de Médicis, régentes. Éloge d'Élisabeth, de Claude et de Marguerite de France, 55. Femmes des Germains; Tacite cité; malheurs de la reine Marguerite retirée au château d'Usson, 55-56. Ce que M. de Pibrac dit à Brantôme sur la fatalité des alliances des maisons de France et de Navarre; mauvais ménage des fils de Philippe le Bel avec leurs femmes; de Henri d'Albret avec Marguerite d'Angoulême, d'Antoine de Bourbon avec Jeanne d'Albret, de Marguerite avec Henri (IV), 57-58. Marguerite, à ce que Brantôme entend dire à une princesse, sauve son mari à la Saint-Barthélemy, ainsi que Leran, gentilhomme gascon, 58-59; ses Mémoires cités, 59, note 3. La différence de religion principale cause de sa brouille avec son mari; affront que lui fait le Pin à Pau, 60-61. Elle revient à la cour où elle est mal reçue de Henri III, 61. Sa haine contre Du Gua dont elle n'accepte pas les excuses, 61-62; sa conversation à ce sujet avec Mme de Dampierre que le roi avait chargée d'intervenir, 62-65. Les filles de François Ier recherchent la faveur de M. de Sourdis, 63-64. Voyage de M. d'Espernon près du roi de Navarre; bon accueil que lui fait Marguerite à la prière de son mari, 65-67; sa ressemblance avec Henri II, 67. Fierté de celui-ci et de Marguerite; elle est renvoyée de la cour avec affront, 68. L'Estoile cité, 68, note 5. Marguerite, pendant la Ligue, est chassée d'Agen par Matignon et les habitants, 69-70. Elle se retire à Carlat d'où elle est forcée de sortir; est faite prisonnière par le marquis de Canillac, qui la conduit à Usson dont elle parvient à le chasser, 70-72. Regrets de Brantôme sur la brouille de Marguerite et de Henri III; Brantôme les vit souvent danser ensemble le *pazzemezzo* d'Italie, 73-74. Admiration des étrangers en la voyant danser le branle de la torche, 74. Plaintes de Brantôme sur l'exil de cette princesse; son apostrophe aux Marseillais, 75-76. Libéralité de Marguerite; étrennes qu'elle donne à la reine Louise; sa magnificence supérieure à celle des impératrices romaines, 76-77. Sa bonté; ce que lui dit à ce sujet M. du Gua, dont la mort lui cause une grande joie, 77-78. Biron attaque Nérac où était Marguerite, qui manque d'être tuée, 78; son ressentiment contre lui; il lui demande pardon et elle lui rend ses bonnes grâces, 78-80. Anne de Bretagne et le maréchal de Gié. Mort de Rebours;

sur la clémence, 80-81. Dévotion de Marguerite ; son amour de la lecture ; ses compositions en vers et en prose, 81 ; chanson faite par elle ; *Divorce satyrique* cité ; sa lettre à Brantôme, 82. État florissant de la France sous Henri IV, 83. Ingratitude de la France à l'égard de Marguerite, 84. Apostrophe de Brantôme à la reine. Vers sur elle, 85.

## DISCOURS
### SUR MESDAMES FILLES DE LA NOBLE MAISON DE FRANCE.

#### MADAME YOLANT DE FRANCE. Notice, p. 86-88.

Sœur de Louis XI et femme du duc de Savoie, 86 ; penche du côté de Charles le Téméraire, son beau-frère ; sa visite à Louis XI au Plessis-lez-Tours ; Commines cité, 86-88.

#### MADAME JEANNE DE FRANCE. Notice, p. 88-99.

Fille de Louis XI ; sa bonté ; sa sainteté ; mariée à Louis XII qui la répudie ; Richarde et Charles le Gros, 88-90. Réflexions de Brantôme, 88-91. Premier mariage de Jeanne d'Albret avec le duc de Clèves ; information que prend Antoine de Bourbon près de la grand'mère de Brantôme, 90. Continence gardée par Alfonse d'Aragon à l'égard de sa femme ; la reine d'Angleterre Edilfrude, 91. Impuissance de quelques maris ; Mme de Montjouan, 92. Pucelles de Marolles ; aventures de deux grandes dames huguenotes à la Saint-Barthélemy ; de Julia Gonzaga que veut enlever Barberousse, 93-94 ; de la reine Constance, prise par des brigands, 95. Anecdote d'une dame de la cour de François I<sup>er</sup>, demandant à être démariée, 95-96 ; d'un très-grand prince de la même cour et d'une dame qui, dans sa vieillesse, est connue de Brantôme, 97-98. Divorce de Louis XII ; éloge de la Reine Jeanne, 98-99.

#### MADAME ANNE DE FRANCE. Notice, p. 99-106.

Sa ressemblance avec son père Louis XI, 99-102 ; éloge de sa régence pendant la minorité de Charles VIII. Cause de sa haine pour le duc d'Orléans qui se réfugie à la cour du duc de Bretagne, 99-100. Il est pris à la bataille de Saint-Aubin-du-Cormier, enfermé à Lusignan, puis à Bourges, et délivré grâce à l'intercession de sa femme, 102. M. de Bourbon, mari d'Anne, régent pendant l'expédition de Charles VIII ; démêlés de sa femme et de la reine Anne, 102-103. Lettre d'elle vue par Brantôme ; comment elle signait ; comment signait Marguerite de Savoie, 103 ; son ambition, 103-104, sa cour ; anecdote d'elle et d'une des filles de sa cour ; son mot sur les femmes ; ce que la grand'mère de Brantôme lui en disait ; splendeur de la maison de Bourbon qu'elle avait fort augmentée, 105. Femme de chambre qui la servait dans ses amours et qu'elle enrichit, 104, note 1 ; 105, note 1.

MADAME CLAUDE DE FRANCE. Notice, p. 106-107.

Fort aimée de son père Louis XII et de sa mère ; déclarée duchesse de Bretagne et de Milan ; projet de la marier à Charles-Quint ; comment la reine Anne appelait ses filles ; noms de seigneuries donnés aux filles des princesses et des dames, 106. Maladie que lui donne son mari François I$^{er}$ ; rudoyée par Louise de Savoie ; sa douceur égale à celle de Marguerite, femme de saint Louis. Ses enfants ; regrettée de la France entière ; son corps fait des miracles, suivant la Chronique d'Anjou, 107.

MADAME RENÉE DE FRANCE. Notice, p. 108-114.

Sa bonté ; son savoir dans les sciences et en astrologie ; ce qu'en dit Catherine de Médicis ; promise à Charles-Quint, puis mariée au duc de Ferrare, qui la traite bien ; soupçonnée de luthéranisme ; son ressentiment contre les papes, 108. Bien que contrefaite, a de très-beaux enfants : le duc de Ferrare, le cardinal d'Este, Mme de Guise, Lucrèce, duchesse d'Urbin, et Mme Éléonor ; d'où vint le nom de ses filles ; éloge de Lucrèce Borgia ; Guichardin cité, 109. Éducation qu'elle donne à ses filles ; aimée de ses sujets ; sa charité envers les Français qui passaient dans ses États ; secours qu'elle donne aux soldats de l'armée du duc de Guise, 110-111. Conduite généreuse de Busa, dame de Canouse, à l'égard des Romains échappés de la bataille de Cannes, 111-112. Asile que Renée donne à Montargis aux calvinistes persécutés, 112. Brantôme en envoie dans cette ville trois cents qu'elle nourrissait; sa majesté; Brantôme la voit arriver à la cour après l'arrestation du prince de Condé; ce qu'elle en dit à son gendre le duc de Guise, 113-114.

**MARGUERITE, REINE DE NAVARRE.** Notice, p. 114-126.

Elle n'était point fille de France et portait le nom de *Valois* ou celui d'*Orléans;* le surnom de France n'appartenait qu'aux filles de France; du Tillet cité, 114. Éloge de son esprit; s'adonnait aux lettres; son affection pour les savants; nombreux livres dédiés à elle et à son frère François I$^{er}$; ses ouvrages; sa dévotion; sa devise, 115. Soupçonnée de luthéranisme; tendresse réciproque d'elle et de son frère; ce que Soliman disait de la religion de Luther. François I$^{er}$, tout en persécutant les luthériens, s'allie aux princes protestants d'Allemagne, 116. Ce qu'on raconte à Brantôme sur une conversation du connétable de Montmorenci et de François I$^{er}$ au sujet de Marguerite. Le connétable porte Jeanne d'Albret lors de son mariage avec le duc de Clèves, 117. Sa disgrâce. Habileté de Marguerite et son intelligence des affaires; la reine de Hongrie, 118. Voyage qu'elle fait en Espagne pour visiter son frère malade et prisonnier, 119-121. Sa douleur à la mort de son frère, 119. Reproches qu'elle adresse à Charles-Quint et aux gens de son conseil. Ce que la grand'mère de Brantôme, sa dame d'honneur, raconte sur le danger que la princesse courut en Espagne, 120-121. Ses grandes qualités; regrets qu'excite sa mort; recueil des épitaphes faites sur elle; son mot sur la mort; ce qu'elle dit quand on lui annonce qu'elle doit se préparer à mourir, 122. Sous quels signes elle et son frère étaient nés. Elle est frappée d'apoplexie en regardant une comète; sa mort chrétienne; son séjour à Tusson, 123-124. Elle assiste à la mort d'une de ses filles de chambre, ce qu'elle en dit, 124-125. Ses *Nouvelles;* comment elle les composait; son habileté à faire des devises; nouvelles composées par Catherine de Médicis et Mme de Savoie, 125-126.

### MESDAMES CHARLOTTE, LOUISE ET MAGDELAINE DE FRANCE.
### Notice, p. 126-128.

Elles étaient filles de la reine Claude et de François I<sup>er</sup>; Louise et Charlotte, promises à Charles-Quint, mortes en bas âge. Madeleine désirait être reine; mariée au roi d'Écosse, 127. Sa mélancolie; sa mort prématurée; ce qu'en dit à Brantôme Ronsard, qui l'avait accompagnée en Écosse; regrets que cause sa mort, 128.

### MADAME MARGUERITE DE FRANCE (duchesse de Savoie).
### Notice, p. 128-137.

Elle est surnommée la *Pallas* de la France; sa devise, 128; son amour de l'étude; protège les savants, qui font de beaux livres pour elle; refuse d'épouser M. de Vendôme; assiste à l'entrevue de François I<sup>er</sup> et du pape à Nice, 129; épouse le duc de Savoie, à qui l'on rend nos conquêtes en Piémont et en Savoie; regrets à ce sujet et invectives grossières des soldats, 129-131. Le maréchal de Brissac; soldats français qui, à la paix, se mettent au service de l'Espagne, et périssent à la bataille des Gerbes; réflexions de Brantôme sur la cession du Piémont, 132. Affection de Marguerite pour la France; le maréchal de Bellegarde; usurpation du marquisat de Saluces par le duc de Savoie; colère de Henri III, 133. Sa générosité envers les Français qui passaient en Piémont; aimait la tante et la mère de Brantôme, auquel elle offre 500 écus qu'il refuse; ce qu'un de ses maîtres d'hôtel dit à Brantôme de sa charité, 134-135. Douleur que lui causent les guerres civiles de France; ce qu'elle en dit à Lyon à des huguenots; apprend à Brantôme le commencement des guerres civiles de Flandre, 135. Sa bonté envers ses sujets; leurs regrets à sa mort; accueil qu'elle fit un jour à Brantôme, 136-137.

### MADAME CLAUDE DE FRANCE. Notice, p. 137-139.

Seconde fille de Henri II, épouse du duc de Lorraine; sa beauté et sa bonté, 137. Regrets universels à sa mort; le roi son frère ui donne toutes les amendes de la Guyenne; ce qu'elle dit à Mme de Dampierre qui lui en demandait une; éloge de son esprit, 138-139.

### MADAME MARGUERITE DE FRANCE, p. 139.

(Voyez plus haut, p. 214.)

### MADAME VICTOIRE DE FRANCE. Notice, p. 139-140.

Son nom lui est donné par son parrain le cardinal Caraffe ; sa mort prématurée, 140.

### MADAME DIANE DE FRANCE. Notice, p. 140-145.

Fille naturelle et légitimée de Henri II ; duchesse de Châtellerault, puis d'Angoulême, 140 ; jouissait des priviléges des filles de France ; sa ressemblance avec son père ; son habileté aux exercices de corps ; sa grâce à cheval ; la fille de la princesse de Melfe à Naples devant Charles VIII, 141-142. Le cheval *Doctor* donné à Diane par son beau-frère Damville ; habillement de cheval de la princesse ; son goût pour la danse et la musique ; sa bonté ; ses deux maris, le duc de Castro et M. de Montmorenci ; amour de celui-ci pour Mlle de Piennes, 143-144. Diane chérie de Charles IX et de Henri III ; argent qu'elle porte à celui-ci après l'assassinat des Guises ; douleur que lui cause sa mort ; sa haine contre Mme de Montpensier ; ce qu'elle en dit à la sœur de Henri IV, 144-145.

### MADAME ISABELLE DE FRANCE. Notice, p. 145-147.

Fille de Charles IX, son esprit et sa gentillesse, 145. Son mot sur le grand prieur de France, 145, note 2 ; visite que lui fait son oncle Henri III, et comment elle le reçoit ; Mme de Crissé, tante de Brantôme, sa gouvernante, 146 ; bon accueil qu'elle faisait à ses visiteurs ; regrets sur sa mort, 147.

### DISCOURS
### SUR LES DEUX REYNES JEHANNES DE HIÉRUSALEM, SCICILLE ET NAPLES, p. 148-204.

### JEHANNE Iʳᵉ, REINE DE NAPLES. Notice, p. 148-182.

Petite-fille (et non fille) du roi Robert auquel elle succède, 148. Boccace et Pétrarque ; son histoire écrite par Collenuccio ; partialité des historiens italiens contre la France. Elle fait étrangler son premier mari André de Hongrie; anecdote du cordon d'or, 149. Lettre que lui écrit Louis de Hongrie, frère d'André; mort de son second mari Louis de Tarente; son troisième mari Jacques d'Aragon auquel elle fait trancher la tête, 150-151. Son quatrième mari Othon de Brunswick; crainte de Charles-Quint au sujet d'un duc de Brunswick. Othon est défait et pris par Charles de Duras, 152. Entrevue de celui-ci et de la reine Jeanne qu'il fait mettre à mort sur l'ordre de Louis de Hongrie, 152. Marie, tante de Jeanne, aimée de Boccace, est décapitée; erreur de Collenuccio et de Brantôme à ce sujet, 152-153. Collenuccio cité; les jurisconsultes Baldus, 153. Brantôme entend louer la reine Jeanne à Naples, 153-154. Son apologie de la conduite de Jeanne envers ses maris, 155-158 ; Médor et Cloridan; Arioste cité, 155-156. Réflexions sur les dames qui prennent pour maris de petits compagnons, 157. Récit de Froissart sur Jacques d'Aragon, 158-159; ses erreurs, 159, note 4. Son autre récit sur l'entrevue de Jeanne et du pape Clément VII, 160-164. Collenuccio blâmé; Othon, quatrième mari de Jeanne, sauvé par son intercession, 164-165. Vengeance de Dieu sur les meurtriers de Jeanne; assassinat à Bude de Charles de Duras, 164-165. Erreurs de Brantôme, 165, note 2. Sépulture de Jeanne à Naples, 166. Récit sur Jeanne, tiré de la *Chronique d'Anjou* (de Bourdigné), 166-168. Son adoption de Louis d'Anjou et sa cession du comté d'Avignon au pape, 167. Éloge de Jeanne par Boccace, que Brantôme taxe d'ingratitude, 168-170. Ses réflexions sur les amours de cet écrivain avec la princesse Marie, 170-174. Anecdotes de Marguerite d'Écosse et d'Alain Chartier, 171-172; de Sylla et d'une dame romaine, 172-173. Pétrarque et Laure, 173. Portraits de Jeanne; description de son costume, 173-174; Brantôme voit une dame de France qui lui ressemblait, 174. Éloge de Jeanne par un écrivain espagnol, 174-175. Anecdote de Jeanne et de Galeazzo de Mantoue, tirée de Paris de Puteo, 175-179. Conduite blâmable des chanoines de Saint-Pierre de Rome, 178-179. Parallèle de la vie de Jeanne et de Marie Stuart, tiré de l'*Apologie* de l'exécution de Marie Stuart, 179-182. Constantin et Licinius, 181. Didon calomniée par Virgile, 182.

LA SECONDE REYNE JEHANNE. Notice, p. 182-204.

Elle succède à son frère Ladislas ; Collenuccio cité, 182-183. Son premier mari, Guillaume, duc d'Autriche ; ses amours avec Pandolfo Alopo ; épouse Jacques de Bourbon, qui ne porte pas le titre de roi, 183. Il fait mettre à mort Alopo et arrêter Sforce, dont la sœur obtient la délivrance ; ses mauvais traitements envers sa femme, 184 ; ruse de celle-ci ; supplice de Julio Cæsare de Capua, 185. Jeanne fait arrêter son mari, qui se retire en France, 186. Description de l'entrée de Jacques à Pontarlier, d'après Olivier de la Marche, 186-189 ; mot du maréchal de Biron sur les pénitences du duc de Joyeuse, 187-188. Sœur Colette, 189. Jeanne adopte Alfonse d'Aragon, puis Louis d'Anjou ; son estime pour les Français. Bourdigné cité, 189-190. Anecdote d'Alfonse et d'Ant. Caraffe Malice ; épitaphe de celui-ci ; Collenuccio cité, 191. Bourdigné cité ; mort de Louis d'Anjou et de la reine Jeanne, 192. Éloge de celle-ci par Olivier de la Marche ; pourquoi elle chassa son mari Jacques de Bourbon ; excuse des femmes mariées qui font de mauvais tours à leurs maris, 192-193. Impudicité de Jeanne, suivant Collenuccio ; ce vice est le moins blâmable chez une reine, 193. Discours d'un grand à ce sujet, 194-195. Tableau de la Fortune et de Vénus, que va voir une très-grande dame ; conversation de celle-ci avec les dames de sa suite sur l'amour, 195-196. Beauté de Jeanne d'après son portrait ; ses amours avec Jean Caraccioli, qui avait peur des souris, 196 ; anecdote d'un gentilhomme et d'une dame qui craignait les araignées, 197-198 ; mot d'une dame à un gentilhomme amoureux d'elle, 198. Tombeaux de Jeanne et de son frère Ladislas à Naples ; épitaphe de celui-ci, 199-200. Cause de la mort de Ladislas ; empoisonnement étrange d'une dame de France par son mari, 201. Tombeau de Caraccioli à Naples ; son épitaphe, 202-203. Sa mort violente, 203. Avertissement à ceux qui se fient aux femmes, 203-204.

## APPENDICE.

I. Deux opuscules inconnus de Brusquet, p. 205.
II. Dédicace des *Mémoires* de Marguerite à Brantôme, p. 209.

FIN DE LA TABLE DES MATIÈRES.

---

14994. — Paris. Typographie Lahure, rue de Fleurus, 9.